プーチン戦争の論理

下斗米伸夫
Shimotom

インターナショナル新書 109

はじめに

二日で終わらなかった戦争

二〇二二年二月二四日にはじまった「特別軍事作戦」という名の「プーチンの戦争」が世界を震撼させている。ロシアのウラジーミル・プーチン大統領の当初のもくろみでは、二日で終わるはずだった戦争は、もう一年余が経過した。ソ連崩壊から三〇年、この戦争は一九四五年のヤルタ会談にはじまる東西関係と、その時代に設立された国連をはじめとする国際秩序、さらに現在の世界体制すべてを揺るがしている。アントニオ・グテーレス国連事務総長が警告しているように、この戦争により核行使の危険性がかつてなく増したのは間違いない。

それにしても、なぜプーチン大統領は開戦当初に「ウクライナ侵攻は短期間で決着がつく」と見たのか。なぜロシアは、自ら兄弟国家と呼ぶウクライナへの侵攻に踏み切ったのか。この事情について熟知するのは、二〇〇五年から〇八年にわたって駐ロシア大使を務めた米国のウィリアム・バーンズ現CIA長官だ。彼自身は米国政府が推進してきた北大西洋条約機構（NATO）の東方拡大に対して懐疑的であるが、二〇二一年四月一一日に米国で行われた講演で、政府の密使（バックチャネル）としてプーチン大統領と会話したときの裏事情を明かしている。

バーンズ長官によると、プーチン大統領は二〇二一年一一月に「侵攻は四八時間で終わる」と語ったという。その理由としては、①ウォロディミル・ゼレンスキー大統領とウクライナは抵抗できない。②ロシア軍はウクライナ国内の「同志」の支持もあり、数日で決定的に勝利できる。③アンゲラ・メルケル後のドイツをはじめ、ヨーロッパは自国の問題で精一杯だ。④冬は戦車戦に最適だ。⑤ロシアは制裁に対する準備ができている、の五つを挙げている。もっともバーンズは、「プーチンは、まだ軍事侵攻を決めていない」とも触れていた。

プーチンの楽観予測を支えた事件

二〇二二年一月初め、プーチンの短期作戦への楽観主義を支える事件が隣国カザフスタンで起きた。同国のカシムジョマルト・トカエフ大統領の依頼により、ロシアやアルメニアなどの集団安全保障条約機構軍が空挺部隊を派遣し、一〇日ほどで紛争を処理するという事件が発生したのである。

しかし、今回のウクライナでは同じようにいかなかった。二〇一四年のマイダン革命（ウクライナ騒乱）というクーデターまがいの方法によって親NATO政権が成立して以降、ウクライナは軍備強化を進めてきた。NATOによる顧問団派遣などの関与もあり、ウクライナの軍事費はＧＤＰの五％前後となり、軍事力がロシア、トルコに次ぐ欧州第三位となった。侵攻が始まった二月二四日の朝、ロシアの空挺部隊はキーウ（キエフ）の空港を急襲した。その攻撃をＮＡＴＯ、とくにカナダ軍の訓練を受けた民族主義的な特殊部隊アゾフ連隊が待ち構えており、このときロシア側は完敗した。

それにしても、なぜプーチンはウクライナを攻撃したのか。ロシアによる、ウクライナへの軍事侵攻は、なぜ起こったのか。プーチンは今回の戦争、正確には「特別軍事作戦」の目的を「ウクライナはＮＡＴＯの手先となった極右や『ネオ・ナチ』の手中にあり、ロシアにとって政治的・軍事的脅威となっている。ウクライナを『非軍事化』することこそが、我が祖国の安全を保障する」と、侵攻を開始した二月二四日に述べた。ウクライナの占領が目的ではなく、二〇〇八年にロシアを一義的には仮想敵と決めつけてきたＮＡＴＯが、同国にまで拡大してきていることに問題があるというのだ。

二〇一四年にウクライナの正統政府であるヴィクトル・ヤヌコビッチ政権を、米国と親ＮＡＴＯ勢力が使嗾《しそう》し、クーデターまがいのマイダン革命によって崩壊させた。それ以降、ロシアにとっての脅威が始まったと、プーチンは説く。

このマイダン革命直後の二〇一四年三月、プーチン政権は黒海艦隊が駐留するクリミア半島を併合した。当時のプーチンは、クリミア半島はスターリンの後継者であるニキータ・フルシチョフ第一書記がロシアの手続きを経ることなく、一九五四年にウクライナへ編入したことが問題で、祖国に取り戻したのだという。クリミア併合以降、東西間の対立は増し、国際社会はロシアをG8から即刻追放している。

このときウクライナのクーデター派政権は、ロシア語を公共圏から閉め出した。そのため、ロシア語話者が多い東部ドンバス地方の二州（ドネツク州、ルガンスク州）では、言語差別を理由に親ロ派による武装反乱が起こった。ちなみに「ドンバス」とはドン盆地という意味だ。

この紛争を収めるべく、フィンランド政府の仲介によって二〇一四年九月に結ばれたのがミンスク合意である。ミンスク合意とは、二〇一四年春、ロシアとウクライナの紛争勃発を心配した米ロのシンクタンク（米国のヘンリー・キッシンジャー系のシンクタンクと、ロシアの世界経済国際関係研究所〈現在のプリマコフ研〉）の学者がロードマップを描き、これを基礎として関係団体および欧州安全保障協力機構（OSCE）が関与した停戦合意協定だ。もっとも、この停戦合意協定はすぐに破られ、ウクライナ側の対テロ作戦が発生した。二〇一五年二月に、フランスやドイツが署名に名を連ねたミンスク合意Ⅱが締結されたが、それでも紛争が終わることはなかった。

こうした問題が、対ロシア強硬派のジョー・バイデン米国民主党政権が二〇二一年に誕生したことで再燃する。ウクライナでも、当初は対ロ和平派だったゼレンスキー政権が、親NAT

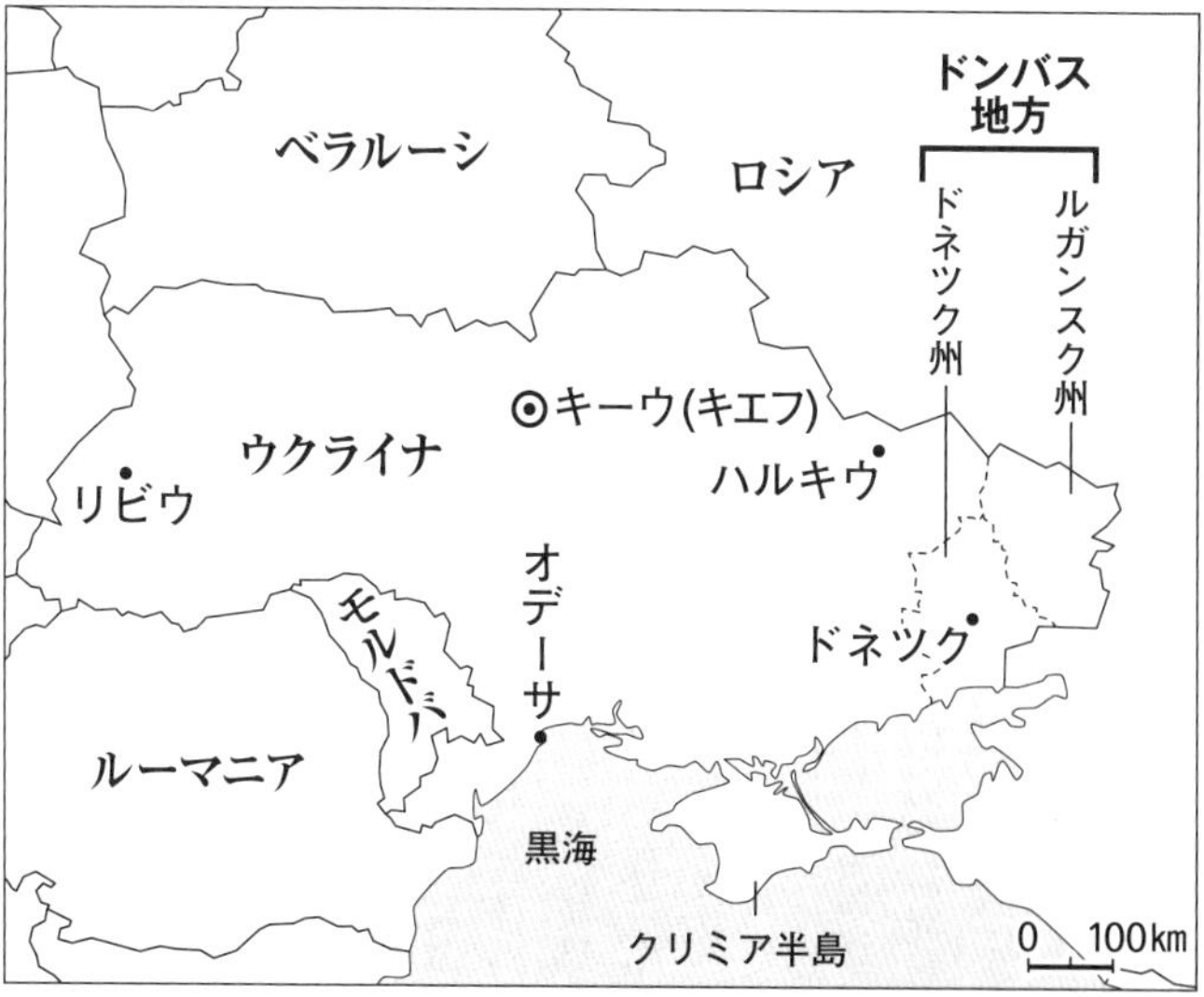

O派に転換していた。二一年三月、ウクライナはNATO加盟を目指し、さらにクリミア半島やドンバス地方の紛争地である二州（ドネツク州、ルガンスク州）の奪還を試みる。それ以来、米ロ間の緊張は一挙に高まった。このときロシア軍は、一〇万人単位の軍人を動員した。

同年四月、バイデン大統領は対中国を重視する方針もあり、二〇年にわたって米軍を派遣していたアフガニスタンからの撤退を決断する。しかし、その余りにも性急な決定に加えて準備不足もあり、大混乱が生じてしまう。同年六月のジュネーブで、バイデンとプーチン、米ロ両首脳が対面で会見し、これからの「予測可能な関係」の構築を目指した。

その後、バイデン大統領は二一年一二月初

めに「ウクライナのNATO加盟に、米国の国益はない」と明言し、米兵は送らないと約束する。しかし、これを条文化することを求めるロシアの要望を、米国やNATOは受け入れようとはしなかった。

こうして米ロ交渉は二〇二二年二月に暗礁に乗り上げ、ついに二四日からの「特別軍事作戦」に至ったのである。当時のロシアの有力誌『エクスペルト』の表現では、「これは国連決議を踏まえたミンスク合意Ⅱの延長線上にある、ミンスク合意Ⅲだ。つまりフランスとドイツが保証人だったミンスク合意Ⅱと比べて、ロシア・ウクライナの中立化を目指すミンスク合意Ⅲへの強要を目指した作戦であり、決して戦争行為ではない」という説明だった。

しかし、ほかならぬロシア自身が安保理常任理事国を務める国連憲章に照らしても、これは明らかに違法な戦争行為である。人道に対する罪、そして核行使までをもちらつかせた国連憲章違反をロシアは行っている。

筆者はこの半世紀ほど旧ソ連・ロシア史研究者として、ヨシフ・スターリンの蛮行をはじめとするウクライナとロシアの政治史を研究してきた。ペレストロイカ（再構築）に始まるミハイル・ゴルバチョフの改革、ソ連維持派のクーデターに対するソ連およびロシア市民の英雄的な行為を紹介しつつ、プーチン政治の影に「西側の責任に起因する『危機の二〇年』」を感じてきた。そうした筆者にとって、今回のロシアによるウクライナ侵攻は、誠に遺憾な結果でもある。

　ハーバード大学の代表的なロシア研究者ティモシー・コルトン教授は、二〇一四年のウクライナ危機を、「誰もが失った」紛争と特徴づけた。それから八年後の今回のウクライナ侵攻は、これに関与した三者、とくにバイデン大統領、プーチン大統領、そしてゼレンスキー大統領にとって一種の「負け比べ」の戦争となってはいないだろうか。

NATOの東方拡大

　バラク・オバマ政権時代の副大統領バイデンが、二〇〇九年にウクライナをNATO加盟へと誘ったことは、ロシアを怒らせた。また、ウクライナへの軍事的関与を事実上行うことで、紛争を「誘発」（フランシスコ・ローマ教皇）し、さらに二〇二二年六月にマドリードで行われたNATO首脳会議では、ロシアを「（NATOにとって）最も危険で重大な敵」と認定している。ポール・ウォルフォビッツ米国防次官など、米国の一部ネオコン（米国における新保守主義）勢力の夢を長い時間かけて実現したと言える。

　一九九七年、クリントン政権は主として内政目的、つまりカトリック・ポーランド系の一〇〇〇万票欲しさに、「東欧諸国をNATOに加盟させる」と公約した。これは当然ロシアを刺激する挑発だと、ジョージ・ケナンなど対ロ政策の専門家も「最大の誤り」と警告した。ケナンは一九四六年当初、モスクワから冷戦を予言し、一九四七年に『フォーリン・アフェアーズ』誌で、「ソ連の行動の源泉」と題する論文を匿名で発表、世界的な規模でソ連の封じ込めを主張したことで知られる長老外交官で歴史家だ。しかし、唯一の超大国に上り詰めたことを奢る米国の戦後派政治家は聞く耳を持たなかった。

ロシアの独立系メディア『ノーバヤ・ガゼータ』は、このマドリードでのNATO首脳会議を「希望と幻想と平和的緩和の終わりを告げ、歴史的となった」と評した。同紙で編集長を務めていたドミトリー・ムラトフはロシアの権威主義化に抗議し、二〇二一年にノーベル平和賞を受賞した人物だ。

今回の侵攻で、プーチン大統領はNATOを叩くために、「兄弟国」であるウクライナの都市を破壊した。ソ連は第二次世界大戦期の独ソ戦において、二七〇〇万もの死者を出した。その英霊の犠牲の上に築いた戦後秩序における世界的地位を、いまや失おうとしている。

一方、ウクライナのゼレンスキー大統領は、「プーチン・ロシアに抵抗する世界史的指導者」や「Tシャツ姿のチャーチル」との呼び声もあるが、今後の政治的判断によっては国民の生命と財産を損なう決定をしなければならなくなるだろう。国際社会も、いまや国連といった戦後の理想が消え去り、冷戦後の再興にかけた夢も三〇年にして、唯一実効的に機能しているのがNATOだけという寒々とした状況だ。しかし、このことを慨嘆するだけでは意味がない。

今回の危機の原因については、プーチンによるファシズムとか、超大国の高慢とか、中小国の悲哀、という議論だけではもちろん足りない。また、その危機の種が蒔《ま》かれた二〇一四年のマイダン革命とクリミア併合に遡るだけでも十分ではない。およそ三〇年前のソ連崩壊時のロシアとウクライナの独立だけでなく、より根源的に一〇世紀のキエフ・ルーシのウラジーミル（ヴォロジーミル）大公受洗、つまり両国関係の始原以来の歴史的由来に遡って考え直す必要があろう。「歴史の終焉」（フランシス・フクヤマ）なる約三〇年前の高揚した知的修辞が、いつの間にか本当に人類文明の終焉に至りかねない核戦争の危機に足を踏み入れつつあることへの、同時代人としての反省を込めながら。

プーチンの誤読という陥穽

今回の戦争は、ロシアとウクライナという両国関係の特質が問題であることを、あらためて浮き彫りにした。同時に、この問題をめぐって専門家、とりわけ国際政治学者や歴史学者のあいだにも大きな混乱、さらには様々な論争を巻き起こしている。

なかでも今回のロシアによるウクライナ侵攻を理解する上で議論の中心になっているのが、プーチン大統領が二〇二一年七月に発表した「ロシア人とウクライナ人の歴史的一体性について」という論文だ。プーチンはここで、「ロシアとウクライナは、同じナロード（narod）である」という主張を展開している。ナロードとはロシア語で「民」や「人民」を表す言葉、英語で言えば「people」に当たる。

ところが不可解なことに、危機が起きてから日本での主要テレビ局の報道やコメンテーターの多くが、この言葉になぜか「民族」という訳語をあてた。この誤訳の結果、今回の戦争をもたらした原因は「ロシアとウクライナは同一民族」と考える素人歴史家プーチンの「ゆがんだ歴史観」にあるといった話法が一部で広まった。侵攻の理由は独裁者プーチンの歴史観であり、彼を取り除けば問題は解決するといった見解となるが、これは「民族」という、主として一九世紀末から二〇世紀の政治用語を近代史にまで拡張させた単純な誤解だ。意図的であったかどうかはともかく、こうした複雑な問題を誤読してしまっては何も解決することなどできない。

確かに、今回のプーチン大統領の「特別軍事作戦」なる戦争行為は矛盾だらけであり、何より国連憲章違反として非難に値する。しかし、だからといってプーチンの戦争の論理を、誤訳に沿って理解したのでは批判の説得力も半減してしまう。

キーウの聖職者が作ったロシア国家像

ウクライナとは、そもそもいかなる国家なのか。ロシアとはどのような関係にあるのか。この国が独立して主権国家になったのは一九九一年一二月、わずか三〇年ほど前である。一方、両国の祖ともいうべき国家、キエフ・ルーシ（キエフ大公国）の出発点は、大公ウラジーミルがギリシャの植民地だったクリミア半島で、キリスト教を受洗した九八八年とされる。つまり今から一〇〇〇年以上も前のことだ。ちなみに「キエフ」（現代ウクライナ語でキーウ）とは、九世紀から一三世紀にかけてキエフ・ルーシを治めた君主キーヤに由来するといわれているが、ハザール語で「水辺の街」を意味する言葉からきているという説も捨てがたい。

問題はこの命題がいつ誰の手で流布されたのかだ。そうでなくともウクライナをめぐる問題は、ソ連崩壊後のロシアにとっても内外事情が複雑に絡んだ最大の難問といえる。そもそもウクライナとは「一つのネーション」なのか、それとも「複数の民族からなるハイブリッド国家」なのか。同じ東スラブの正教文化圏に属しながらも、なぜ言語や歴史観、民主主義や文明をめぐる対立が戦争に発展したのか。「兄弟殺しの戦争」といわれる由来を理解するのは、決して容易ではない。

「二つのウクライナ」問題

ウクライナの歴史については第三章で詳細に説明するので、ここでは簡単に触れておく。ウクライナは西側と東側とで宗教観・民族観が大きく違っており、それがロシアとの関係にも影響を与えている（「二つのウクライナ」問題）。ウクライナとは、スラブ民族に共通する地方とか端といった普通名詞「クライ」に由来する言葉だ。現代ロシアでは「地方」と訳される行政単位でもある。

西ウクライナはとくに一六世紀以降、ポーランド＝リトアニア大公国とカトリックの影響を受けてきた。他方、東ウクライナは正教国家であるロシア帝国の一部として「小ルーシ」「新ロシア（ノヴォロシア）」とも呼ばれてきた歴史がある。ルーシとは、ロシアの古名を意味するものと、ここでは理解しておこう。

こうした東西の「アイデンティティの差異」や「ハイブリッドな宗教観」は、ウクライナという国家の民族形成に決定的な影響をもたらしてきた。ウクライナの独立は約三〇年前だが、その過程では八月クーデターというゴルバチョフ改革に対する保守派＝ソ連維持派による政変が取り沙汰された。このクーデターの結末は、クリミア半島フォロスの別荘にいたゴルバチョフに対するソ連維持派の政治的態度にかかっていた。しかし、ウクライナのソ連維持派はクーデターの失敗後ただちに政治的志向を変え、西ウクライナ人民戦線などの急進派とともに独立に向けて走りだした。

このときのウクライナに、統一したネーションへの理念や運動が明確に存在していたわけではない。英国の専門家アンドリュー・ウィルソンが「予期しなかった国家」といった理由だ。

ソ連とモスクワという権威の崩壊が、ウクライナを国家とした。独立後も主権国家であり続けたものの、こうした東西分裂という構造的な問題が横たわり、その後も「国民国家」とはいいがたかった。

現在もまた、ウクライナ西部においては、半カトリック的で自らをヨーロッパ人と考えるユニエイト派（東方典礼カトリック教会）が影響力を持っている。一方、ウクライナ東部、とくにドンバス地方（ドネツク州、ルガンスク州一帯）では、自身をロシア的世界の一員と捉えている住民が多い。この区別は歴史的事情を加味すればさらに細分化する。

こうした国内事情に加えて、ソ連崩壊前後の国際政治という強力な磁場が作用した。ソ連崩壊期にはカナダなど北米での西ウクライナや中東欧ディアスポラ集団によるこの地域への関与も増加し、ウクライナの独立を後押しした。ディアスポラとは「移民」「植民」を意味する言葉で、ギリシャ語のディアア（分散する）とスピロ（種をまく）を語源としている。

二〇世紀、とくに一九三〇年代からのスターリン治下のウクライナの受難は、想像を絶するものであった。しかし、この遠隔地ナショナリズムと呼ばれる現象には、独自の時差や空間差にともなうゆがみが存在する。とりわけ虐殺や三〇年代の飢饉、四〇年代の戦争といった記憶と認識の差異の影響が大きい。

このたびの戦争のキーワードとなったファシズムや「ネオ・ナチ」といった政治学用語も、もともとこうした時代の産物である。それがソ連崩壊後のロシアとウクライナ、さらにはヨーロッパとウクライナとの関係に影を落とし、世界を不安にしているのだ。

歴史の表舞台に再登場した古儀式派

東方正教世界に属するロシアでは「西欧的な宗教改革が起こらなかった」とよく喧伝されるが、これは現在の研究からすれば不正確といえよう。一一世紀にキリスト教が正教とカトリックに分裂したあと、一五世紀に東ローマ帝国が崩壊。一方、ロシアでは一七世紀半ばのニーコン総主教の典礼改革をきっかけに正教会の分裂（ラスコル）が起き、古儀式派（ラスコリニキ）など各種反対派が現れた。

古儀式派とは、「第三のローマ」（第二章参照）となったモスクワこそが正教会の中心だとして、一六六六年にニーコン総主教が率いるロシア正教会から分離した宗派である。ちなみに、「第二のローマ」は、聖地コンスタンティノープル（現イスタンブール）を指す。

分裂主義者を意味するラスコリニコフとも呼ばれた古儀式派は、ニーコン改革やその後のピョートル大帝とロシア帝国を、カトリックの圧力に屈した「アンチ・クリスト」、つまりは宗教敵であると批判してきた。長く帝国権力から弾圧され続けてきた古儀式派は、儀式やテクストも旧来の作法に固執しており、ロシア正教会から見れば異端的な存在である。

具体的には、ロシア正教会が当時の「近代化」の要請に従って三本指で十字を切る儀礼を導入したのに対し、古儀式派はイエス・キリストの神性と人性を表す二本指で十字を切った。また、キリストをIsusと記した（ロシア正教会はIisus）。じつはこの古儀式派問題とは、モスクワとウクライナとの連携による「ロシア帝国」形成に対するロシアの土着的反抗でもあった。こうした地政学がわからなければ、現在の危機を正しく理解することはできない。

その当時に抑圧されていた古儀式派が、歴史の表舞台に再登場してくるのは、一九世紀半ばに起こったクリミア戦争（一八五三〜五六年）以降である。ただし、この研究はロシアとソ連という「二つの帝国」の宗教的・イデオロギー的抑圧もあり、今日ようやく始まったばかりといえる。だが、二〇世紀の日露戦争やロシア革命、さらにはソ連崩壊にもこの宗派の隠れた影響が絡んでいた。

そうした事情が自覚され始めたのは、ソ連崩壊前後からだ。現代ウクライナの歴史家セルゲイ・タラネツは、「古儀式派は、ロシア帝国最大の反対派勢力だった」と指摘する。

カトリック色の強い当時のウクライナとの同盟を拒否するなど、古儀式派はロシアの民族主義や宗教的抵抗心を生み出した宗派である。彼らは教会を持つことを禁止されたが、独自の信仰のネットワークを作り上げた。一九世紀末にはモスクワやヴォルガ川沿岸、さらにドン・コサックなどウクライナでも、信徒たちは地下銀行を通じて資本主義の発達を下から準備した。日露戦争から二月革命までの同派の黄金時代を用意したとも評価される。

また古儀式派系党員には、一九二〇年末にロシア共産党ドンバス委員会をウクライナ共産党に改組した第一書記ヴャチェスラフ・モロトフやルガンスク・コサック出身でソ連国家元首となったクリメント・ヴォロシーロフといった人物もいた。この問題は今回の危機とも重なり、再考する必要があろう。

この対立は「新冷戦」ではない

現在の文明から宗教にまで及ぶ世界の分裂を、イデオロギーと地政学に還元して「新冷戦」「第二次冷戦」と呼ぶ声もあるが、筆者はあまり賛成しない。冷戦後のフラットでグローバルな世界は幻想であったが、現在の状況は冷戦時代のような「自由主義vs.共産主義」とか「民主主義と専制主義」（バイデン大統領）といったイデオロギーによる対立には還元できないからだ。

二〇世紀のイデオロギーによる対立は、政治思想や社会体制を前面に押し出すことで敵味方を峻別した。たとえそうしたナラティブ（物語）を信じていなくても、イデオロギーは国民全体を弁別したり、動員したりすることに利用され続けてきたのである。

だが現在の国際社会は、一部の専制主義国・独裁国家をのぞき、旧東西陣営ともに市場経済が前提となっている。つまり現代の対立は、歴史や言語、宗教といったアイデンティティをめぐる「文明の衝突」（サミュエル・ハンチントン）へと変化したのである。それにより問題は一層複雑化したといえる。

こうした立場からロシアとウクライナ、さらには欧米とロシアとの危機を読み解く本書の構成を説明すると、第一章では、今回の「特別軍事作戦」がなぜ起こったのかを最新情報をもとに整理する。ロシアがウクライナを侵略した原因といわれるNATOの東方拡大、さらにその背後にある米ロ対立についても詳述したい。

第二章では「そもそもロシアとは、どのような国家なのか」について、ソ連以前の歴史を踏まえながら、とくに歴史認識と安全保障の観点からその国家像に迫っていく。

続く第三章では、ロシアとウクライナの関係をひもときたい。ユーラシアにおける両国の起源と位置関係、また「同じナロードである」というプーチンの、いな、正確には一七世紀のキエフの宗教界に遡る主張を踏まえつつ、かつての「兄弟国」がなぜいま争っているのか、とくに「緩衝国」ともされてきたウクライナの歴史について述べる。

第四章では、このたびの侵攻で様々に喧伝されるロシアの大統領・プーチンの人物像について、実際に何度も面会したことのある筆者ならではの視点を交えながら伝えていきたい。報道などではあまり触れられることのない知られざる一面や、とくにプーチンと宗教、古儀式派との関係についても記す。

第五章では、ＣＩＳ（Commonwealth of Independent States＝独立国家共同体）とロシアの関係は

どのようなものか、旧ソ連での戦略核問題の処理を最大の課題としたＣＩＳ設立の経緯や、ソ連崩壊時のウクライナ・バルト三国との関連も踏まえて解説する。

最後の第六章では、「世界全体における、今後の安全保障体制はどうなるのか」について、今回のウクライナ侵攻の経過も含めて筆者の考えを伝えたい。

このたびのロシアによるウクライナへの軍事侵攻は、国連憲章など国際法を破る違法行為で、国際社会がプーチン大統領をはじめとするロシアの責任者たちを強く非難するのは当然だ。しかし、それと同時に「なぜプーチン・ロシアは、このような愚挙に出てしまったのか」「なぜ国際社会は、今回の戦争を防ぐことができなかったのか」「なぜ人類は冷戦とソ連崩壊という歴史的チャンスを生かせずに、いまだ核戦争の影に脅えているのか」について考えなければならない。直接の開戦責任がプーチン大統領にあるとしても、この紛争自体はマイダン革命に始まり、すでに八年も続いている。今回の戦争はその延長だ。

果たして欧米に責任はないのか。二〇二二年五月初め、ローマ教皇は「ロシアの門前」で騒いだＮＡＴＯの責任にも触れ、六月には「誘発されたか、阻止できなかった」戦争と発言した。米国大統領がカトリック教徒であり、西ウクライナが東方典礼カトリック教会の影響下にあることを考えると、この発言の意味は重い。本書もまた、戦争にまで至ってしまった原因をプーチン一人に求めるのではなく、ソ連崩壊後の東西関係全般を冷静に分析しながら考察していく。

目次

第四章 プーチンの素顔

第五章 ロシアとCIS

第一章　なぜロシアは、ウクライナへ侵攻したのか

「核戦争寸前」の事態

ロシアのウラジーミル・プーチン大統領による二〇二二年二月二四日のウクライナへの攻撃決定と、いきなりのキーウ（キエフ）など主要都市空爆にはじまる軍事侵攻は、世界中を驚愕させた。冷戦の終焉とソ連崩壊からおよそ三〇年、平和の報償どころか、人類は一九六二年のキューバ危機以来という「核戦争寸前」の事態に迫られている。

今回のロシアによるウクライナ侵攻はなぜ起こったのか。表向きはNATOやEU（欧州連合）に向かおうとするウクライナと、それを阻止したいロシアとの地政学的対立だ。しかし、より大きな構図で見れば、米国とロシアによるグローバルな核管理、さらには欧州安全保障を含めた国際秩序の作り直しをめぐる問題が、ウクライナへの軍事侵攻に発展したともいえる。

そもそもの発端は、二〇一四年二月に起こったNATO拡大派主導のマイダン革命と、これに反発したロシアによる「クリミア併合」まで遡る。このときマイダン革命という事実上NATO勢力が誘発したクーデターに驚いた東ウクライナでは、ロシア語話者の多い東部ドンバス地方で二つの「共和国（ドネツク人民共和国、ルガンスク人民共和国）」が反乱を起こした。以来、ウクライナとロシアとのあいだに火種を残し、それが現在まで続いている。

両派による衝突は二〇一四年九月のミンスク合意Ⅰでいったん停戦するが、翌年初めにウクライナ側の「反テロ作戦」によって危機が再発する。その後、ウクライナはドネツク人民共和国の分離主義勢力とのあいだで繰り広げられた「デバリツェボの戦い」で敗北し、二〇一五年二月に締結した「ミンスク合意Ⅱ」により軍を撤退させる。この「ミンスク合意Ⅱ」という国際法的な合意により、両派は再度折り合ったかに見えた。しかし、ウクライナ側が同地をめぐる憲法改正問題に消極的であったことに加え、NATO側の中心である米国が積極的に関与しなかったこともあり、和解にまでは至らなかった。

「はじめに」で触れたようにミンスク合意Ⅱは、すぐに破られたミンスク合意Ⅰに代わって、ドイツ・フランスの首脳が関与し、ベラルーシの首都ミンスクでまとめられた停戦合意協定である。なぜミンスクか。それはソ連崩壊時にロシアとウクライナ、それにベラルーシのスラブ三国家が、黒海艦隊など核戦略問題を処理するためにCIS（独立国家共同体）の形成を宣言した地がミンスクだったからだ。

今回の戦争でもまたベラルーシの仲介により、ロシアとウクライナ両国間の和平交渉が三月にこの地で行われたことにも注目したい。

なぜNATOだけが存続したのか

今回のロシアによるウクライナ侵攻の直接の契機になったのが「NATOの東方拡大」問題だ。NATOとは一九四九年に設立された軍事同盟で、二〇一〇年に改訂された「NATO新戦略概念」により、「集団防衛」「危機管理」および「協調的安全保障」の三つを中核的任務としている。

冷戦期に、「米国が欧州に入り、ドイツの地位は低下、そしてロシアを追放」した機構とも評され、当初わずか一二カ国しか参加しなかった。一加盟国に対する武力攻撃は全加盟国に対する攻撃と見なし、集団的自衛権を行使すると規定している。米国を中心にカナダ、欧州諸国を構成員とし、二〇二二年六月現在の加盟国は三〇カ国にのぼる。

冷戦後、NATOの対立組織であるワルシャワ条約機構が一九九一年に解体したのに、NATOだけがなぜ存続したのか。それだけではなく、なぜNATOの東方拡大をめぐってロシアとの対立が激化し、紛争抑止どころか、ついには冷戦期にもなかったウクライナ戦争にまで至ったのか。ドナルド・トランプ共和党前政権や現在のバイデン民主党政権は、ともに中国封じ込めのための戦略的シフトを目指したが、今回のウクライナ侵攻は、結果的に中ロ同盟への動きを加速しているかに見える。それは意図したものだったのか、それともバイデン政権など西側の安全保障政策の誤りによるものなのか。

NATO東方拡大のきっかけは、一九九〇年代半ばの米国ビル・クリントン政権による、覇権と民主化推進戦略であった。冷戦末期の一九九〇年二月、当時のジェイムズ・ベイカー米国務長官と、ソ連のミハイル・ゴルバチョフ大統領とのあいだで一つの合意が結ばれた。ドイツ統一をソ連が許容する代わりに、NATOは東方へ「一インチ」も拡大しないとした取り決めである。

「NATOの不拡大」については、覚書などの形にはなっていない。しかし、関係各国の外交文書には、当時のヘルムート・コール独首相らもそうした主旨の発言をしたことが記されている。この一連の交渉において決定的な役割を果たしたゴルバチョフ元大統領と、米国の元駐ソ大使ジャック・マトロックも、そのように回想する。そうした意味では、プーチンの「米欧が約束を破った」との言葉に根拠がなかったわけではない。

しかし、その合意を文章化する前の一九九一年七月にワルシャワ条約機構が解体し、同年一二月二五日、当時のゴルバチョフ大統領が辞任を表明してソ連は崩壊する。その当時、ウクライナには短距離戦術兵器や空中発射巡航ミサイルを含む数千発単位の核兵器が存在していた。

英米ロによるブダペスト合意（覚書）

「NATOの不拡大」に関する合意を、文書や条約にするよりも先にソ連が崩壊、さらに後継国ロシアの大統領ボリス・エリツィンも指導力を発揮できなかった。それどころか、ロシアはクリミア半島に駐留する黒海艦隊をどう処遇するかをめぐって、独立したばかりのウクライナと対立した。初代ウクライナ大統領のレオニード・クラフチュクは、合意したCISの規約にも署名せず、黒海艦隊の帰属問題やクリミア半島、とくに自治共和国問題は宙に浮いた状態が続いた。

当時、世界第三位の核兵器備蓄国であったウクライナに、核兵器を放棄させるために行われたのが、一九九四年の英米ロによるブダペスト合意（覚書）であった。現実主義路線をとった第二代大統領レオニード・クチマの時代に、ウクライナを非核化する代わりに、西側は財政支援と領土保全を保障するという合意が米ロでなされたが、このとき「ウクライナのNATO加盟」という話は出ていなかった。

ところが、一九九六年秋に再選を狙うクリントン大統領が、米国内の五大湖周辺などに一〇〇〇万人はいるとされるポーランド系の有権者を取り込もうと、NATOの東方拡大を提唱した。ウォルフォビッツや軍事専門家として民間の戦争研究所を主宰するタカ派の思想家ロバート・ケーガンなど、中東欧出身のネオコンの発想だった。

これは「ロシアはソ連同様、敵として変わらない」という、ごく一部の対ロ警戒論者の考えに過ぎず、大多数の冷戦期の専門家は批判した。とくに米国の外交官で冷戦の予言者ケナンやポール・ニッツなども、当時「東方拡大は冷戦後最大の過誤である」と非難している。

クリントン米政権は、ロシアを敵にすべきでないとする老ケナンやキッシンジャーら多くのロシア・冷戦問題専門家の警告を無視した。第二期クリントン政権は唯一の超大国として、軍備管理・軍縮庁を廃止し、NATOの東方拡大を進めていく。

セバストポリ軍港の共同管理

ソ連崩壊から六年後の一九九七年、NATOはポーランドとハンガリーの加盟を承認した。以降、他の旧東欧諸国やバルト三国（エストニア、ラトビア、リトアニア）も、次々とNATOへ加盟していく。もともと独立した国民国家としての歴史をもっていたバルト三国は、第二次世界大戦中の一九四〇年にソ連へと併合された。このソ連によるバルト三国併合を、当時の米国は承認しなかった。

一方、ウクライナとロシアとの歴史はまったく異なり、旧東欧諸国やバルト三国以上に特別な関係だ。スラブ系三国家（ロシア、ウクライナ、ベラルーシ）は、キエフ・ルーシ以来の歴史を共有すると信じられてきたからである。

二〇二一年一二月の条約交渉で、プーチンはNATOや米国に対し、「NATOの今後の不拡大」と「東欧・バルト三国の軍備を一九九七年以前に戻す」ことの確証を強く求めた。プーチンが本気でNATOの拡大を阻止しようとしたのは、二〇〇八年にブッシュJr.政権が旧ソ連のジョージア（グルジア）、そしてウクライナという「正教国」にまで拡大の手を伸ばそうとしたことがきっかけだった。

二〇〇八年四月、ルーマニアの首都ブカレストで開催されたNATO首脳会議において米国は突然、ウクライナとジョージアのNATO加盟を議題にした。結局、ドイツとフランスが反対して通らなかったが、このときウクライナの「将来の加盟」について合意されたこともロシアには気がかりだった。

それでも一九九七年には、クリミア半島の黒海艦隊とセバストポリ軍港を、ロシアとウクライナで共同管理することが決まった。ロシアのエフゲニー・プリマコフ外相と、一九九四年に成立したクチマ政権とが妥協した結果である。同年に締結されたこの「友好協力パートナー条約」により、ロシアはセバストポリ軍港を二〇一七年まで租借、さらに二〇一〇年に成立した東ウクライナを基盤とするヤヌコビッチ政権との交渉による二〇一〇年のハリコフ合意の再締結で、二〇四二年までの駐留が認められていた。これが結果的には二〇一四年に、親NATO勢力のクーデターまがいのマイダン革命によってひっくり返った。

米ロ衝突の危機

当時の米国では、ウィリアム・ペリーやロバート・ゲーツ国防長官といった政治家、職業外交官やロシア専門家のあいだで、ネオコン系の拡大論とは意見を異にする慎重な対ロ観も生きていた。「NATOの東方拡大はよく言っても時期尚早、悪く言えば挑発である」と指摘したのは、二〇〇八年のジョージア戦争直前までロシア大使を務めたウィリアム・バーンズ現CIA長官である。エストニア、ラトビア、リトアニアのバルト三国のNATO加盟にはあまり抵抗を示さなかったプーチン大統領だが、〇八年以降のジョージアとウクライナの加盟問題は「まったく別物」だったと、二〇一九年に書かれた彼の回想録『バックチャネル』で主張している。

一九九一年のソ連崩壊からおよそ三〇年後の現在、ヨーロッパ、いや世界の安全保障全体の枠組みが、このウクライナのNATO加盟問題をきっかけとして大きな分岐点に立たされている。ここで今回、ロシアがウクライナへ侵攻した経緯について、簡単に振り返ってみよう。

二〇二一年一〇月末に、プーチン大統領と世界のロシア専門家による会合（バルダイ・クラブ）が開催され筆者も参加したが、そこでの主要テーマはロシアと欧米の最悪のシナリオをどうリセットするかであった。このときプーチンは、自らの立場を「穏健保守主義」と表現し、対米関係の改善を掲げる。さらに新たな安全保障の枠組みをめぐり、半年を目処に米ロ首脳会談を開催したいとの考えを語っていた。

二〇二一年秋、米ロの衝突危機が高進し、同年一二月には二度にわたってバイデン＝プーチン両大統領によるオンライン首脳会談が開催された。バイデン大統領は、一二月八日の会見で、米兵をウクライナに派遣しないと明言する。その後、彼は小規模な介入なら黙認するともとれる「失言」をしてしまう。

また、プーチンは二一年一二月半ばにNATO不拡大を約束する条約締結を求めたが、ロイド・オースチン米国防長官らに「ロシアにはウクライナのNATO加盟を拒否する権利はない」と突っぱねられた。互いに強硬姿勢を見せるかたちとなったが、これは双方が交渉前のカードをすべて並べ、瀬踏みをしていたということだろう。この間の一〇月末、ウクライナが東部ドネツク州へ協定違反となるドローン攻撃を仕掛ければ、ロシア側も一〇万人以上の兵力を国境周辺に配備して圧力をかけた。

翌二二年一月にはウクライナ情勢をめぐり、緊張緩和に向けたロシアと米欧による一連の高官協議が始まった。外交での決着が模索されたのだが、グローバルな安全保障の今後を左右する一連の会議の甲斐なく、結果としてロシアのウクライナ侵攻が現実のものとなってしまった。

危機を招来したウクライナのNATO加盟問題

次にロシアが今回の軍事侵攻を行う引き金になったとされている「ウクライナのNATO加盟問題」について振り返ってみよう。「はじめに」で触れたように、ウクライナはソ連崩壊後に独立した新国家だが、ロシアとは同祖、いわば「兄弟国」のような存在で、政治的・宗教的にも関係が深い。首都キーウ（キエフ）は、ロシア最初の統一国家「キエフ・ルーシ（キエフ大公国）」発祥の地で、ロシアにとっても歴史的原点といえる場所だ。

いまから約一〇〇〇年前の九八八年、キエフ・ルーシの統治者で、プーチン大統領と同じ名前を持つウラジーミル大公が、東ローマ帝国（ビザンツ帝国）の皇帝バシレイオス二世の妹アンナと結婚し、キリスト教の洗礼を受けた（キリスト教受洗、詳しくは第二章で解説）。これがロシア正教の原点であり、「ウクライナとベラルーシ、ロシアは三位一体だ」とするプーチンのこだわりにつながっている。

この「言語も文化も近い東スラブの三カ国がバラバラになるのは不自然だ」という感覚自体は、ロシアでは珍しいものではない。ロシア語にはRusskiiとRossiiskiiという、翻訳すると同じ「ロシアの」となる二つの形容詞がある。後者は三ルーシ国家（ロシア、ウクライナ、ベラルーシ）や教会の結合体を意味する言葉で、ロシア帝国においては国家的・宗教的用語法として使われてきた。

ウクライナは、一〇五四年のローマ・カトリック教会と東方正教会との分裂（大シスマ）や、一九二一年のリガ条約によるポーランド第二共和制とウクライナ社会主義共和国という二つの国家に分かれた歴史をもつ。すでに述べたように、ウクライナの西側はカトリック系ポーランドとの関係が深く、東側はロシア語圏で正教的、つまりロシアとの結びつきが強い。独立から約三〇年が経つ現在までのあいだに大統領は次々と変わったが、いずれの政権も短命に終わっている。

独立後のウクライナはエネルギー資源が乏しく、また政権の周期的な変動もあり、一九九一年の独立時に約五二〇〇万人だった人口が、三〇年間でおよそ一〇〇〇万人近く流出・減少している。そうした状況もあり、ウクライナは政治的のみならず経済的にも長く低迷を続けてきた。

米国の「力への過信」が増大

政治的・経済的に混迷するウクライナのなかでも、とくに大きな問題となっているのが、二〇一四年の紛争によってロシアに併合されたクリミア半島だ。黒海に面する要衝クリミア半島は、一九五四年まではロシア領であり、初代ウクライナ大統領のクラフチュクも指摘したように同国固有の領土とはいえなかった。フルシチョフ時代の一九五四年に、ウクライナ併合三〇〇周年の記念として、ロシアからウクライナへ帰属替えされたのである。

先述したように、NATOが東方拡大へと流れを変えるきっかけを作った人物はソ連崩壊時の米国防次官だったウォルフォビッツである。二二年四月に英国『デイリー・メール』紙に掲載されたジャーナリストのピーター・ヒッチンスの表現を借りると、当時のウォルフォビッツはロシアを「石器時代に戻す」計画だったという。彼は「ソ連崩壊後のロシアにも警戒を緩めるな」と主張し、これがネオコン潮流の起源となった。

より大物の人物を挙げるならば、ウクライナ生まれでジミー・カーター大統領の補佐官も務めたポーランド系の政治学者ズビグネフ・ブレジンスキーである。一九八九年の冷戦終結宣言、さらに九〇年の東西ドイツ統一後、米ソの最高首脳が軍事同盟の不拡大を約束したことはもはや歴史的事実だが、クリントン政権がこの米民主党系タカ派戦略家の提言でNATOの東方拡大を進めたことが、九〇年代の米ロ関係に暗雲を投げかけた。

もっとも当初、NATO拡大とはポーランドなど中東欧諸国の加盟が焦点となっていた。一九九六年秋の大統領選で再選を目指していたクリントンは、カトリックなど東欧移民からの票集めという内政上の理由からこれを後押しした。しかしケナンらの批判もあり、冷戦終結後しばらくのあいだは、旧ソ連地域への拡大に慎重な姿勢を見せていた。クリントン政権の対ロシア政策のブレーンでジャーナリスト出身のストローブ・タルボットもまた、当初は懐疑派であったが、一九九四年に東欧への拡大を支持した。

ボスニア・ヘルツェゴヴィナ紛争

しかし、一九九一年から二〇〇一年まで内戦が続いたユーゴスラビア紛争を通じて、唯一の超大国となった米国では「力への過信」が増大していく。ここで、ユーゴスラビア崩壊とボスニア・ヘルツェゴヴィナ紛争について、簡単に説明しておこう。

一九九一年六月、ユーゴスラビアのなかでも、とくに豊かな北部のスロヴェニアとクロアチアが分離独立を宣言した。それに引きずられるかのように、ボスニア・ヘルツェゴヴィナやマケドニア、モンテネグロも相次いで分裂していく。当時のボスニア・ヘルツェゴヴィナでは、正教系セルビア人、カトリック系のクロアチア人、ムスリム人の三民族が紛争を繰り広げていた。

この紛争に対し、当時国連を率いていたコプト教徒（エジプト正教）出身のブトロス＝ガリ事務総長や明石康事務総長特別代表、さらに英国などの欧州諸国は仲介を試みた。しかし、三勢力間の争いを政治的に解決するのは困難を極めた。そして一九九五年八月末にはNATO空軍がセルビア人勢力に対し、大規模な空爆を実施する。これによりセルビア人勢力は大きな打撃を受けた。九五年一一月に米国主導によるデイトン合意が発表され、およそ三年半にわたったボスニア・ヘルツェゴヴィナ紛争は終結する。

一九九九年にはタルボット米国務副長官と、ロシア連邦の平和維持部隊を率いていた安全保障会議書記時代のプーチンとが、コソボの空港で衝突しそうになる事件が起こった。セルビア内のコソボの独立問題をきっかけに、NATO軍が域外であったにもかかわらず独立派を支援したのが原因である。このとき仲裁に入った英国の将軍が、「第三次世界大戦を起こすつもりはない」と牽制したといわれている。

欧米とロシアに引き裂かれるウクライナ

二〇〇七年にドイツ南部の都市ミュンヘンで、第四三回「ミュンヘン安全保障国際会議」が開催された。この席でプーチン大統領は、旧ソ連のウクライナ、ジョージアまでNATOに加盟させようとする米国の政策を初めて批判した。翌〇八年のNATO首脳会議では、米国のブッシュJr.大統領、とくにネオコン系のディック・チェイニー副大統領が、ウクライナを使ってロシアを追いつめようとしていた。

翌〇九年、民主党のバラク・オバマが米大統領に就任する。オバマ大統領は当初、対ロ関係の「リセット」を目指すかに見えたが、実際はウクライナのNATO加盟に向けて動き出していた。だが、二〇一〇年に第四代ウクライナ大統領となった東ウクライナ出身のヤヌコビッチは、ロシア側と黒海艦隊の二〇四二年までの共同管理の延長に合意する。これが当時の米国の反ロシア派を刺激した。

その翌年、バイデン副大統領はモスクワを訪問し、現役大統領だったドミトリー・メドベージェフの続投要請という内政干渉まがいの発言を行った。このことがプーチン首相の九月末の大統領復帰発言と一〇月のユーラシア連合提唱、NATO拡大への警戒へとつながっていく。

一方、二〇一三年にNATO大使から米国務省の欧州およびユーラシア担当次官補となったネオコン系の外交官ビクトリア・ヌーランドは、米国ウクライナ人協会で「西ウクライナを中心とする親NATO派勢力に対して、約五〇億ドルを超える支援を行った」と述べた。彼女はネオコン系の思想家ロバート・ケーガンの夫人である。女性初の国務長官マデレーン・オルブライトらと同様に中東欧出身で、「ウクライナ国家の守護神」とも呼ばれる人物だ。ちなみにロバート・ケーガン一族が関与する民間の戦争研究所は、今回のウクライナ紛争においても、米国発の戦争情報発信元として世界的に注目された。

二〇一四年にプーチン大統領をクリミア併合へと走らせた原因としては、米国務省とネオコン勢力がマイダン革命（ウクライナ騒乱）を引き起こしたことが挙げられる。あらためて説明すると、マイダン革命とは、二〇一四年二月に米国が支援してヤヌコビッチを失脚させた政変である。なお、このクーデターへの米政府の関与についてはオバマ大統領自身が、マイダン革命から一年後の二〇一五年一月にCNNのインタビューで明らかにしている。

マイダン革命は二〇一三年一一月、EUとの関係を強める連合協定の調印手続きを突然凍結し、ロシアとの結びつきを強化するというウクライナ政府の決定により引き起こされた。一四年二月には、ウクライナ政府側とデモ参加者双方で一〇〇名以上の死者を出した暴力的衝突が、首都キーウの広場で発生する。これにより当時のヤヌコビッチ大統領は失脚し、隣国ロシアへ亡命した。これがプーチン大統領の反発を招き、クリミア併合へと駆り立てたのである。

ちなみにオバマ大統領自身は、ウクライナへの米国の武器援助に消極的だった。この件に関して、独立系新聞『モスクワ・タイムズ』のビエンス記者は「たとえ数倍に増やしたところで、ロシアは対応して軍拡するだろう」と評している。

ミンスク合意Ⅰ・Ⅱ

先述したように、一九九七年にロシアとウクライナとは、クリミア半島の黒海艦隊の地位および駐留条件に関する分割協定を締結した。この「友好協力パートナー条約」により、黒海艦隊をロシアとウクライナとで二〇年間共同管理することが合意され、さらに二〇四二年まで延長するという「ハリコフ合意」を、メドベージェフ大統領とウクライナのヤヌコビッチ大統領が二〇一〇年に署名している。一〇年四月二七日に両国の議会で承認を受けたが、これが米国とウクライナのNATO加盟派を刺激し、二〇一四年二月に親米クーデターが発生、ヤヌコビッチ政権が倒れたのである。

もっとも、このことは米国で工作を担当したヌーランドとEUとの関係までこじらせ、またこの情報がロシア側に暴露されたことで、後継のペトロ・ポロシェンコ第五代大統領誕生までの時間を要した。この間にロシアは情報戦を展開し、同地のウクライナ海軍を、数倍あった年金格差を利用してロシア側へ帰順させた。さらに国際法違反ではあるが、クリミア半島の併合まで推し進めた。

同じ時期、ウクライナ語の国語化をめぐる言語戦争も誘発された。ドネツク州、ルガンスク州などロシア語話者の多いドンバスではウクライナ語強制への反発から独立が宣言され、内戦が勃発する。こうしたウクライナ東部のロシア語世界の自立をめぐる問題は、二〇一四年四月に「ドネツク人民共和国」「ルガンスク人民共和国」設立というかたちとなって表れた。ドネツク人民共和国首相となったアレクサンドル・ボロダイは、ロシア正教系オリガルヒ（新興財閥）のコンスタンチン・マロフェーエフのブレーンだった人物だ。

さらには、それ以外のロシア語地域でも、親ロシア派による「ノヴォロシア（新ロシア）共和国」を模索する動きが現れた。プーチンや参謀本部はこの動きに距離を置いていたものの、これを「テロ」と見なすウクライナ側からの反撃が強まった。

同様の現象はウクライナ側にもあり、レオニード・クチマ第二代大統領の娘婿のピンチュークやフィルタシといったオリガルヒが有名だ。なかでも東部出身だがアゾフスターリ製鉄所を握るリナト・アフメトフらは、ネオ・ナチ系と言われるアゾフ連隊などの私兵を養成し、NATO支持派となる。

ちなみにゼレンスキーを大統領に推したことで有名なオリガルヒのイーホル・コロモイスキ

ーは、ソ連期のレオニード・ブレジネフ政権の拠点であった東部軍産部門出身の人物だ。中立的なスイス軍将校の評価では、ウクライナ軍の弱さを補うアゾフ連隊などパラミリタリー部隊は正規軍の四割、およそ一〇万人を数えるという。一九カ国の出身者からなり、英米加仏などの軍隊からも教練を受けていた（「国際武器移転史」第一四号、佐原徹哉ほか）。

これらウクライナ東部での内戦の深刻化を懸念した米国のキッシンジャー系やロシア政府のシンクタンクにより、二〇一四年九月に結ばれたのが「ミンスク合意」であった。繰り返すが、ミンスク合意とは、東部ウクライナのルガンスク州、ドネツク州の自立を認めるとした和平合意である。一四年九月五日に結ばれたミンスク合意により、兵力引き離しや二州への独自の憲法上の権利の付与などの妥協が模索された。しかし、合意は一五年一月に破られ、戦闘が生じた。その一カ月後にフランス・ドイツが前面に立ち「ミンスク合意Ⅱ」がまとめられた。

ウクライナ侵攻前夜

こうしたロシア＝ウクライナにおける国際危機は、米国の内政にも跳ね返った。二〇一六年の米大統領選では、民主党候補ヒラリー・クリントンと共和党候補ドナルド・トランプとのあいだで、ロシアの関与をめぐり醜聞合戦が繰り広げられた。国際ジャーナリストの杉田弘毅も自己批判的に指摘するように、これが米ロ関係のさらなる緊張を招く事態となったことも否めない（杉田弘毅『国際報道を問いなおす』ちくま新書）。

ヒラリー側は「ロシア側が情報戦で選挙に関与した」といい、また元英国諜報機関関係者も同様な証言をした。だが、これに関与したブルッキングス研究所のロシア系職員が、二〇二一年秋に米国政府により逮捕された。「酒場の噂話を基にしたトランプ貶めの工作」（杉田）だったと、ロシアを巻き込んでの米国内政の党派間紛争をめぐる情報戦の過熱が、NATOとロシアとの関係毀損にまで及んだ。その犠牲になったのが、和平を求めるウクライナ国民だと言えよう。

それでも二〇一七年一月、米国の第四五代大統領に就任したドナルド・トランプ政権によって和平がもたらされるかとも思えた。ウクライナの初代大統領だったクラフチュクも「クリミアは固有領土ではない」と述べ、ロシアとの交渉による解決を示唆した。クラフチュクは二〇二二年に亡くなったが、二〇年からのミンスク合意Ⅲにも熱心であった。

その後、内戦による疲れを見せ始めたウクライナでは、二〇一九年春に行われた大統領選で、俳優・コメディアン出身のウォロディミル・ゼレンスキーが対ロ和平を訴えて勝利する。ゼレンスキーは決選投票で、現職のポロシェンコに七三％対二四％と圧勝、一九年一二月にはドイツとフランスの仲介によってプーチン大統領との和平会談にも臨んでいる。

しかし、その前後にゼレンスキー大統領の対ロ和平交渉は、それを「裏切り」とする右派民族主義者や、親NATO勢力らの圧力によって頓挫してしまう。ウクライナ国家安全保障・国防会議のオレクシー・ダニロフ書記は、開戦から半年後のインタビューで「年末には対ロ戦争の準備を始めていた」と明らかにした。さらに二〇二一年一月にバイデンが米大統領に就任すると、ゼレンスキーは事実上の「戦争党」へと転じたことで人気を落とす。

ウクライナのNATO加盟派を刺激したのが、二〇二〇年にアゼルバイジャン領ナゴルノ・カラバフ自治州で起こった大規模戦闘だ。アゼルバイジャン政府がトルコから提供された軍用ドローンを利用し、アルメニア軍との戦車戦に圧勝、これに刺激を受けたウクライナ軍部は二〇二一年三月に、二共和国とクリミアへの攻撃を企図する。

この間、各種の軍備管理、軍縮条約が反故になり、放置すれば戦争へと発展しかねない緊張関係が続いた。これには米指導部も慎重な行動を取り、大統領選の期間中にはプーチンを「悪魔」呼ばわりしてきたバイデン民主党政権も、二〇二一年二月にロシアとのあいだで結ばれていた新戦略兵器削減条約（新START）を五年間延長するという声明を発表した。新STARTとは、核弾頭およびその運搬手段の削減などを規定した条約で、これにより米ロ両国は最低水準を維持するものと見られた。

さらにバイデン大統領は、二一年六月にスイス・ジュネーブでプーチン大統領との対面による米ロ首脳会談に臨んでいる。新たな交渉の対象として戦略的安定やサイバー規制などを設定するなど、話し合いの枠組みを整えるかに思われた。なお、このとき米国は、二〇年間に及ぶアフガニスタン戦争からの撤兵を八月に予定していた。

加速するウクライナのNATO加盟支持

二〇二一年六月、スイス・ジュネーブにて対面での首脳会談を果たしたことにより、米ロ両国はようやく本格交渉に乗り出したかと思われた。しかし同年八月、米国のアフガニスタン撤退での不手際などにより、米ロの戦略的安定をめぐる交渉の行方には不透明感が増していく。

この間、ロシアはウクライナに対し、NATO拡大の停止要求を軍事衝突の「レッド・ライン（越えてはならない一線）」だと正面から突きつけた。一方、二一年九月にゼレンスキー大統領が訪米した際、バイデン自身は慎重さを示したものの、米国のオースチン国防長官やアントニー・ブリンケン国務長官、NATOのイェンス・ストルテンベルグ事務総長らがウクライナのNATO加盟への支持をこぞって表明する。ウクライナ軍総司令官は「赤の広場を戦車で行進したい」と発言した。

実際、ウクライナとNATOとの関係は、パートナー関係を通じた顧問団を派遣するなど、八年近くの交流を重ねて深まっていた。プリンストン大学のスティーヴン・コトキンも指摘するように「ウクライナはNATOには入らないものの、NATOはウクライナに入っている」

という関係に、事実上進展していたのである。

ウクライナのNATO加盟に対し、「ロシアの拒否権を許さない」といった論戦が繰り広げられていたウクライナ侵攻前の二〇二一年一二月半ば、ロシアは米国とNATOとにそれぞれ協定案を提出している。協定案でロシアは「これ以上、東方へ拡大しない」という約束と、「軍備を冷戦終結直後の状態に戻す」ことを要求していた。それに対し、バイデン大統領は二一年一二月七日のプーチンとのオンライン首脳会談で「米国がウクライナへ派兵する国益はない」とする一方で、ロシアの軍事侵攻に対しては経済制裁を強めていく方針を示した。

エネルギー輸出や金融への制裁があらかじめ決められ、SWIFT（国際銀行間通信協会）からロシアを締め出し、またドイツが政経分離としてロシアと進めてきた「ノルド・ストリームⅡ（ロシアの天然ガスをバルト海経由でドイツへ運ぶパイプライン）」の凍結を示唆したのである。これにより、米ロは衝突寸前とも見られた。

こうした経緯により、二〇二二年初頭には「ロシアがウクライナ侵攻に加え、ベラルーシにも核配備を進めるのではないか」という予想が、主要欧米メディアの紙面をにぎわせていた。核戦争の危機が迫るなか、米国やロシア、中国など国連安保理の常任理事国にして核保有国でもある五カ国が共同声明を発表する。「核戦争に勝利者はいない」という、かつてのゴルバチョフが提唱した声明を引き合いに出し、軍事的な対立を避けるべく、外交的なアプローチを追求する姿勢を示したかに見えたが、それでも事態が好転することはなかった。

この間、ウクライナ本国では年末から女性も含めた徴兵がはじまり、またフィンランドやスウェーデンのNATO加盟、ロシアの飛び地でバルト海に面する港湾都市・カリーニングラードの問題にまで飛び火しかねない緊張が続いた。こうして東西関係全体が、二〇二一年末から二二年初頭にかけて転機を迎えていた。

プーチンの狙い

NATOは、「一部への攻撃は全加盟国への攻撃と見なす」という集団防衛条項（第五条）を有しており、加盟条件は極めて厳格、全参加国の合意が必要である。もし紛争地を抱えるウクライナが加盟すれば、ただちに欧米とロシアとの戦争へと発展する恐れがある。世界大戦へとつながりかねず、これ以上の紛争拡大はフランスやドイツも含めて誰も望んでいない。

すでに述べてきたように、ウクライナが非核保有国になる代わりに、米英ロの各政府がウクライナの領土保全と安全を保障するというブダペスト覚書（核兵器放棄）に同意したのは一九九四年のことだ。当時は、ウクライナがNATOへ入ることなど想定されていなかった。しかし軍事同盟は一端膨張し出すと、誰にも止めることができない強大な官僚的利益機構だ。しかも、その目的は集団的安全保障というよりも、敵となったロシアへの集団的自衛である。

したがって、それがロシア国境に近づけば近づくほど、同国の反発を招くのは必然である。ましてや、ウクライナとロシアは歴史的にも宗教的にも兄弟的関係であり、国境概念も曖昧だった。そのようなところに紛争を持ち込んだことが、核戦争寸前という最悪の状況を生んだといえる。

今回のウクライナ危機の起点をどこに置くかは難しい。意外に知られてないが、筆者は二〇二〇年二月にプーチン大統領が「新ロシア企画」など長年にわたるタカ派のブレーンだったチェチェン系ユダヤ人のウラジスラフ・スルコフ補佐官を解任し、代わりに腹心のドミトリー・コザク副首相へと担当を代えたあたりと考える。

このときのプーチンの狙いは、二〇一八年以来の危機を新しい「戦略的に予測可能な関係」へと再構築しようとしたところにある。新たなヨーロッパ、そして対米関係を見据えたミンスク合意Ⅲへの起動であったが、交渉相手としてクラフチュク初代大統領も関与し始めたあたりから、コロナ禍の暗雲が立ちこめてきた。

二〇一四年のロシア・ウクライナ紛争は、ロシア系住民の多いドネツク州、ルガンスク州といったウクライナ東部二州の分離独立派支配地域に「憲法上の特別の地位を与える」というミンスク合意で一度は収束した、しかし、肝心の米国の関与が乏しく合意自体は履行されないまま、仏独間でも二〇一九年末には行き詰まりを見せていた。その理由は、同年にウクライナの大統領に就任したゼレンスキーが、前述したように当初はロシアとの和平を公約に掲げたにもかかわらず、国内の民族右派勢力や親ＮＡＴＯ勢力の圧力を受けたことにより、交渉が遅々として進まなかったからだ。

それどころか、「クリミア奪還」を掲げた反ロシアの国際会議を開催（二〇二一年八月）したり、政権に批判的なテレビ局を閉鎖したりするなど、ゼレンスキーは「和平派」から「タカ派」に変わったようにも見えた。こうした動きに対し、プーチン大統領は米国を交渉に引き込むべく、ウクライナ国境付近での軍事演習を行ったのである。

「文明の衝突」を止められるか

こうしてウクライナのＮＡＴＯ加盟は、ロシアにとって安全保障上の死活問題となった。ゴルバチョフ時代には、欧州から発射された中距離弾道ミサイルがモスクワへ到達するまでに三〇分ほどかかった。しかし現在ではＮＡＴＯの実質的な最前線司令部はポーランドとなっており、さらにＩＮＦ条約も二〇一九年に失効した状態だ。ＩＮＦ条約とは一九八七年一二月に米大統領ロナルド・レーガンとソ連書記長ゴルバチョフによって調印された軍縮条約である。射程距離五〇〇～五五〇〇キロという中距離核戦力（Intermediate-range Nuclear Forces、ＩＮＦ）弾道ミサイル、巡航ミサイルをすべて廃棄することを目的としたものである。

もしNATOのミサイルがウクライナに配備されるとなると、モスクワまで七〜八分で届くことになる。ウクライナのNATO加盟という事態を避けたいとロシアが考えるのは自然といえる。

また「はじめに」で述べたように、プーチンが二〇二一年七月に発表した論文「ロシア人とウクライナ人の歴史的一体性について」をひもとくと、この侵攻の背景にあるのはイデオロギーではなく、ウクライナのハイブリッドな政治文化や構成をめぐる「文明の衝突」、つまりアイデンティティの対立だと気づくだろう。プーチンが「両国は同じナロード」というとき、その意味は民族より広い。

現代では冷戦時代のような「自由主義vs.共産主義」といったイデオロギーによる確執が問題になることはない。文明間の差異、民族性や言語、宗教などの違いのほうが、より強く意識されるようになった。とりわけアイデンティティをめぐる問題が発端となり、世界各地で紛争が生じている。

こうした事情に加え、今回の戦争では北米のユダヤ人やカナダ在住のウクライナ移民など、祖国から離散した人々のディアスポラ（民族離散）の問題も加重された。そうでなくとも、北米では組織化された少数者のほうが、組織なき多数派より影響力が強い。こうしたアイデンティティによる対立は、じつに厄介かつ深刻な問題で、テロリズムの組織化にまで至りかねない。

ここまで見てきたように、今回の侵攻の背後には「新冷戦」などという従来の枠組みでは捉えきれない、アイデンティティをめぐる問題が存在する。そうした宗教的・民族的・国家主義的な対立を読み解くためには、米国の政治学者サミュエル・ハンチントンが冷戦終焉直後に著した論文「文明の衝突」で行ったような、文明論的な複眼的観点からの分析が必要となる。

実力行使に出るロシア

二〇二二年の展開を、もう一度冷静に振り返ろう。二二年一月一〇日、米国とロシアとはジュネーブで「戦略的安定対話」を開催し、緊張が高まるウクライナ情勢などについて協議した。国境付近へ展開したロシア軍に対し、米国が軍部隊の撤収を迫ったが、ロシア側は「攻撃の計画も意図もない」と反論した。焦点だった緊張緩和策は合意に至らず、両者の溝は埋まらなかった。

一月二一日にもスイス・ジュネーブで米ロ外相会談が行われたが、NATO不拡大の保証は米欧にとって「到底のめない要求」(米政府高官)であった。ロシア側も歩み寄りの姿勢を見せようとはしなかった。

ロシアがウクライナ国境に一〇万人規模の軍部隊を展開している問題について、ロシアの外務次官は「ロシアと西側が対決することによるリスクを、甘く見るべきではない」と牽制した。

一方、ロシア側が求めてきたNATOにウクライナを加盟させない「法的な保証」について、ウェンディ・シャーマン米国務副長官は「断固として反論した」と強調している。

一月二七日にはバイデンがゼレンスキーに、ロシアの軍事侵攻が迫っていることを警告した。しかし、ロシアによる介入情報の詳細を伝えなかったことから、逆にゼレンスキーから「落ち着くこと」を求められる。こうして、米国とウクライナの不信感は拡大していった。

そうしたなかバイデン大統領は、プーチン・ロシアによるウクライナへの侵攻は近いと見て、「米国の大使館を首都キーウからリビウへ移転させる」と二月一四日に発表した。リビウはかつての西ウクライナ人民共和国の首都であり、冷戦後に復活した東方典礼カトリック教会の本山が置かれた場所だ。

この西ウクライナ人民共和国とは、一九一八年一一月にオーストリア・ハンガリー帝国の支配下にあったウクライナのガリツィア（ハリチナ）地方に成立した国家である。つまり、米国は一時的とはいえキーウを見捨て、大使館を「ハプスブルク帝国のウクライナ」へ緊急避難させたのだ。こうした行動はロシアにとって、ほとんど挑発に見えただろう。このあたりの歴史的背景は第三章で詳述する。

危機の一三日間

この二月一一日から、ロシアがウクライナに軍事侵攻する二月二四日までは「危機の一三日」と呼ばれた。キューバ危機になぞらえた表現である。

ウクライナ紛争を何とか回避しようとした外交努力は、とうとう最悪の方向、つまり冷戦終焉後初のヨーロッパ戦争へと至り始めた。この状況はクリミア戦争後に書かれた帝政ロシアの作家レフ・トルストイの『戦争と平和』、さらに反体制の活動家でもあった作家フョードル・ドストエフスキーの『カラマーゾフの兄弟』で描かれた兄弟関係が象徴しているように思えてならない。

かつてロシアの文豪トルストイは、クリミア戦争に将校として従軍し、セバストポリ包囲戦に参加したという経験がある。彼は日露戦争が始まって間もない一九〇四年六月に、「数十万人が、今や残酷な方法によって互いに傷つけ合い、殺し合おうと勢いづき、陸に海に野獣のように戦い合う。ああ、何ということか。これは夢か、それとも真なのか。これは本当であってはならないことだ」(『現代文　トルストイの日露戦争論』国書刊行会)という反戦論を英紙に寄稿している。

また、キエフ・ルーシに端を発する兄弟国の喧嘩は、いまや「兄弟殺し」といったドストエフスキー的結末に陥っている。ロシア文学の課題である「戦争と平和」、そして「兄弟関係」

は、皮肉にも現在、不幸な黙示録的悲劇に陥ってしまった。ちなみに『戦争と平和』は、現在ウクライナでは禁書扱いだ。

NATOの拡大を阻むためにウクライナへ侵攻したロシアであったが、その思惑とは裏腹に、ロシアが感じる安全保障上の脅威はより増した。ここへ来て、中立を保ってきた北欧のスウェーデンとフィンランドで、NATO加盟の機運が高まっているからだ。その二国がNATO側に付けば、バルト海に面した国はロシアを除いてすべてNATO加盟国になる。ロシアにとってそれだけは避けたかった皮肉な事態と言えよう。

コロナ禍のこの間、プーチン大統領はクレムリン・オリガルヒ系のコワリチュークなど少数の側近としか対面で会っていなかったことが米紙で報じられた。それでも二月二一日の安全保障会議では、ロシア側でのバックチャネルに当たるセルゲイ・ナルィシキン対外情報庁長官などから、「介入を急がず外交チャネルを使うべき」とする意見が表明され、ロシアの全国ネットでも公表された。しかし、彼らの声が取り入れられることはなかった。

一方、二月一九日のミュンヘンでの安全保障会議で、ゼレンスキー大統領は「ブダペスト覚書はもはや有効でない」と主張した。これはウクライナが核武装に走る兆候と見なされた。

戦争が始まってからは「世界規模の大統領」（キッシンジャー）になったゼレンスキーだが、その直前までは米欧からも信用されず、せっかく米国から提供されたロシアの介入情報も、

「パニックを起こさないように」と国民には知らされなかった。

侵攻から約半年後の八月一六日、『ワシントン・ポスト』紙が米国とウクライナの首脳に対し、介入前の状況に関する詳細なインタビューを行った。それによると、ロシアの介入直前にゼレンスキーへ電話した欧米首脳のなかには、「ウクライナがロシアに対抗することはできない」からと、亡命を勧める者もあったという。

第二章　宗教・歴史からロシアを読み解く

新たなグローバル秩序の再編成を促す「国民国家」

一九九一年のソ連崩壊から、およそ三〇年が過ぎた。ソ連の崩壊は、「地図上から核を持った社会主義超大国がなくなる」という衝撃的な事件であった。三億人近くもの人口を擁したソ連が消滅し、代わりに誕生したのはエリツィン大統領率いる後継国家ロシア連邦など一五の国民国家だ。

ゴルバチョフ共産党書記長がペレストロイカという改革を始めてから六年、なぜソ連は崩壊したのか。また、ソ連崩壊から約三〇年後の現在、ロシアと旧ソ連圏の国家との関係はどうなっているのか。プーチン・ロシアは新たなソ連を目指す覇権国家となるのか。

プーチン大統領は二〇〇五年四月に、「ソ連崩壊は二〇世紀最大の地政学的悲劇」と語った。それをもって、プーチンはソ連再建を目指していると解釈されがちだが、彼は同時に「それを理解しないものは頭脳がない」とも語っている。ロシアに対する評価は、研究者・専門家のあいだでも様々に揺れている。とくにウクライナ侵攻以降はロシアに批判的な言説が飛び交うが、これらの評価のなかには、筆者からすると一方的なものも見られる。そこで本章では、「地政学的な安全保障」「経済的な特性」、さらには「宗教的・文化的な価値観」という視点から、「ロシア」という国家の本質を考えてみたい。

歴史は終わっていない

まずは、ロシアという国家の地政学的・地経学的な状況を見てみよう。地経学とは、経済の地理的条件に注目して分析する学問だ。世界の安全保障を考える上で、大国ロシアの軍事力・経済力を知ることは、地政学的・地経学的な観点から見て重要である。

朝鮮戦争時、米国のハーバート・フーバー第三一代大統領は、「我々は地上戦ではモスクワに到達しない」「西側の対ロ戦とは勝利なき戦争となる」と指摘した。こうした地政学的な安全保障上のジレンマは、二一世紀のロシアとなっても状況は変わらない。

ロシアは東西に約九〇〇〇キロ、南北に約四〇〇〇キロと、ユーラシア大陸のかなりの部分を領有する大国だ。面積は一七〇九万平方キロと世界最大で、南米大陸全体に相当する。地球規模で見ると、地表の八分の一がロシア連邦という計算になる。

また二〇二二年一月時点の人口は、一億四五八〇万人（ロシア連邦統計局発表）と世界第九位である。ちなみにウクライナは四三二〇万人、ベラルーシは九四〇万人である。

南北に走る複数の大河川はあるが、東ヨーロッパ平原とシベリアを分けるウラル山脈の平均高度は一〇〇〇メートル程度と、自然的障害は基本的に少ない。しかし、北極海や極北から来る強い寒気を隔てるような山々がないので、その影響はタイガと呼ばれる針葉樹林帯やアラル海、黒海周辺のステップと呼ばれる平原地帯、さらに砂漠地帯にまで及んでいる。

国土は広大であるが農耕に適した土地は少なく、東ヨーロッパ平原などを中心に、比較的わずかな面積しか農地として利用されていない。それでも、二〇二〇年の小麦生産量は八五〇〇万トンと世界第三位となった。スターリン時代のソ連は、農民抑圧と集団化により農業生産量が低下し「世界最大の食料輸入国」と呼ばれたが、その汚名は返上した。シベリアの水や森林といった資源は、エネルギー資源と並ぶロシアのハード・パワーとなっている。

ソ連が崩壊する直前の一九八九年、政治学者フランシス・フクヤマが「歴史の終焉」という論文で、民主主義と資本主義の勝利宣言をしたことをご存じの方も多いだろう。その論文でフクヤマは、「今後は共産主義か民主主義かといったイデオロギー闘争は行われない、その意味で『歴史は終わった』」と断じた。

しかし歴史は終焉などしなかった。二一世紀になってから中東支配での米国の混迷もあり、パクス・アメリカーナの終焉がオバマ大統領によって宣言された。フラットでグローバルとなったかに見えた世界政治は、このところ地政学的な岐路に立たされている。

それでも米国は冷戦の「勝利者」として、金融・軍事・安全保障の面で、世界において常に指導的な役割を演じてきた。冷戦後も「例外国家」と自称した米国が、ユーゴスラビア紛争やNATOの東方拡大を通じて旧ソ連圏や中東などへ積極的に関与し続けた結果が反動を呼び、このたびのウクライナ侵攻へとつながったという一面も否定できない。

今回のロシアによるウクライナ侵攻が、どのような終焉を迎えるかについては誰にもわからない。しかし、二〇二一年の米国によるアフガニスタン撤退も絡み、グローバルでフラットな世界は急速に分節化・ブロック化しながら、脱グローバル化へと進み始めている。

ロシアとはどのような国家か

二一世紀の歴史を振り返ってみると、まず二〇〇一年九月一一日に起こったイスラム急進勢力による米同時多発テロは、世界の安全保障環境を根底から変えた。当時、つかの間の米ロ・デタント（緊張緩和）が生まれ、「対テロ戦争」が新たなキーワードとなった。デタントとは、もともと冷戦体制下の一九六〇年代末から七〇年代末にかけて、米国とソ連のあいだで緊張緩和への対話が行われるようになった期間を指す。

その後、米ブッシュJr.政権は一方的にイラクへの軍事介入を行うものの、その口実となった大量破壊兵器は見いだせなかった。そのイラクへは英国のトニー・ブレア政権も積極的に関与し、日本の小泉純一郎政権も自衛隊を現地へ派遣しているが、ロシアはこの頃から西側と距離を置き始める。

さらにオバマ民主党政権時には、中東で「アラブの春」という民主化運動がはじまった。しかし、中東での政治勢力が分極化したことにより「イスラム国（ＩＳ）」などイスラム急進主義の台頭を招き、世界規模でテロ活動が猖獗《しょうけつ》を極めた。

その頃、米国ではシェール革命が起こり、エネルギーの輸出国となった。政治的にはトランプ現象、また英国のEU離脱など、先進諸国では孤立主義が強まり、EU自体も機能不全に陥るのではないかとの危惧が広がりはじめる。イラク、リビア、シリアといったイスラム国家が解体され、さらには中国が新たな「ヘゲモン（覇権国）」になるという主張もなされてきた。

国際政治が渾沌としていくなか、新たな秩序の再編成を促す要因として前面に立ち現れたのが、プーチン大統領のロシアであった。戦後ヤルタ体制が生まれた地であるクリミア半島を二〇一四年三月にロシアが併合したことは、冷戦後の世界秩序を大きく揺るがした。力による現状変更の結果、ロシアは高まる批判を受け、「先進国クラブ」であるG8からも追放された。そのことが、このたびのウクライナ侵攻の遠因の一つとなっている。

クリミアは誰のものか

「黒海艦隊の基地」として知られるクリミア半島南西部に位置するセバストポリは、一九世紀半ばに起こったクリミア戦争の激戦地となった場所だ。クリミア戦争とは、一八五三年から五六年にかけて、ロシア帝国とオスマン帝国（トルコ）とのあいだで繰り広げられた戦いである。聖地エルサレムの管理権を求めて南下を図ったロシア帝国に対し、それを阻止しようとするナポレオン三世統治下のフランスや英国などがオスマン帝国側で参戦した。

ロシア帝国は宗教戦争のつもりであったが、イスラム側と共闘した英仏には世俗的なパワー・バランスをめぐる戦いだった。この結果、ロシア帝国が敗北し、パリ講和条約が成立する。この敗戦により後進性を露呈したロシア帝国では、抜本的な内政改革を余儀なくされた。

黒海に突き出た半島であるクリミアは、第二次世界大戦末期の一九四五年二月に同地南部の都市ヤルタで会談が開かれたことでも知られている。ヤルタ会談では、米国のフランクリン・ルーズベルト大統領、英国のウィンストン・チャーチル首相、ソ連のヨシフ・スターリン首相により、ドイツ敗戦を見据えた欧州情勢、ソ連対日参戦と国際連合の設立についての協議が行われた。

ヤルタこそ現代の国際政治の礎を築いたと場所といえるが、このときまだ主権国家ではなかったウクライナとベラルーシとが国連の創設メンバーとなったことの意義を確認したい。第二次世界大戦時の、この地域におけるソ連赤軍の死闘が戦後世界秩序にとっても死活的に重要だったからだ。

当時、この半島にユダヤ人共和国を作る話があったことは、あまり知られていない。この地で暮らしていたクリミア・タタール人が対独協力をしたとの口実により、スターリンによって中央アジアへと追放になった後を埋めるかたちである。

ナチスに収容された数百万のユダヤ人を居住させるために、一九四四年からソロモン・ロゾフスキー外務次官やオデーサ生まれのモロトフ外相夫人のポリーナ・ジェムチュジナらが、欧米のユダヤ人と話し合って「クリミア半島にユダヤ人国家創出を計画した」といわれる。ユダヤ人反ファシスト同盟のミホエルスらが提案し、ロゾフスキーが米国のジャーナリストとこの計画を実施しようとしたことが、ソ連崩壊後の現代史料公開で明らかとなった。

しかしスターリンはこの案を採用せず、一九四八年のイスラエル建国後、ロゾフスキーは銃殺された。ウクライナ共産党を作ったモロトフの妻ジェムチュジナもまた、悪名高いカザフスタンの女性政治犯収容所に送られた。ちなみに彼女の孫である政治学者ヴィヤチェスラフ・ニコノフは、プーチンの「ロシア世界（ルスキー・ミール）」の提唱者となっている。ロシア世界とは「ウクライナなどかつてのルーシの流れをくむ諸国を再統合し、ロシア人やロシア語話者などの同胞を擁護する」という観念だ。

戦略拠点であるクリミア半島は、このようにウクライナではなく、ロシア帝国からソ連に至る権力中枢が統治していた。しかしスターリンの死後、新独裁者となったニキータ・フルシチョフが、一九五四年にロシア側の法的手続きを無視してクリミア半島をウクライナ共和国へと行政的に帰属替えした。この一九五四年は「ウクライナとロシアの合邦三〇〇周年」という節目であった。

クリミア併合の宗教的背景

フルシチョフによるクリミア半島の帰属替えからちょうど三〇〇年前の一六五四年、ザポロジェ（ザポリージャ）・コサックの頭目で正教徒のボフダン・フメリニツキーとクレムリンとの間で、同盟協約が結ばれた。カトリック・ポーランドの支配を嫌ったコサックが、正教国であるモスクワ大公国に保護を求めた「ペレヤスラフ協定」である。その三〇〇周年記念を理由に、共産党第一書記のフルシチョフが、ウクライナ共産党の第一書記アレクセイ・キリチェンコに対し、「クリミアには水も食糧もない」からとウクライナへ併合するよう強要したという。

この一九五四年のフルシチョフによる「クリミア半島の帰属替え」から六〇年後の二〇一四年三月、プーチン大統領はこの地を再びロシアへ併合した。戦後国際秩序の根本でもあるクリミアの地はこうして大きく揺らぎはじめた。

ここであらためて、クリミア半島に注目してみよう。軍事的拠点であるセバストポリのすぐ隣には、ケルソネソス（ロシア語、ウクライナ語ではヘルソネス）という都市がある。九八八年、ギリシャの植民地であったこの都市で、キエフ・ルーシのウラジーミル（ウクライナ風の読み方ではヴォロジーミル）大公がキリスト教の洗礼を受けた。同地には、このことを記念する教会が建立され、正式には聖使徒ウラジーミル大寺院という。

二〇一四年末の大統領教書演説でプーチンが「クリミア併合の宗教的意義」を強調し、「クリミアは新しいエルサレムである」と宣言した背景には、こうした理由があった。プーチンは「約一〇〇〇年前のウラジーミル大公の受洗の地が戻った」と強調し、翌年には七月二八日を「ルーシ受洗の日」としている。ウラジーミル大公の受洗地ケルソネソスのあるクリミア半島は、ロシア人にとって単なる帝政期以来の軍事的拠点というだけではなく、むしろ「ロシア世界」という価値の源泉といえる。

このように現在のクリミア半島には、ロシアの「キリスト教化を象徴する聖地」と、ロシア帝国以来の「軍事的拠点」とが併存しているのである。政教分離を特徴とする西欧キリスト教世界とは異なり、東方正教世界では国家と教会とが深く結びついている。まさにロシアを象徴する場所だ。

キエフ・ルーシの設立

「はじめに」でも簡単に触れたが、ここでキエフ・ルーシについて詳述しておく。キエフ・ルーシとは、ドニェプル川中流右岸のキーウ（キエフ）を中心とした公国で、現在のロシア国家の歴史的起源とされている。東スラブ族がこの地に入ってきたのは、紀元四〜七世紀のこととされる。一二世紀頃に書かれた『原初年代記』によると、ドニェプル川水系に暮らす共通の言語を話す人々は、ポリャネ族、クリヴィチ族、スロヴェネ族などいくつもの氏族に分かれていたという。

東スラブ族は国家を形成することはなかったが、八六二年頃に北欧から来たリューリクの一族がキーウにキエフ・ルーシ（キエフ大公国）を設立した。ロシア史ではこれをもって国家のはじまりとされている。リューリクは現代ロシアのノヴゴロドやヤロスラブリを拠点に一帯を統治したが、このルーシの歴史は「植民の歴史」（クリュチェフスキー）でもあった。

「ルーシ」とは何か

リューリクの家臣と息子のイーゴリがドニェプル川を下ってキーウに至り、ここに支配を確立してキエフ・ルーシとなった。ウラジーミル大公の受洗と、その息子ヤロスラブリ賢公の統治以降、周辺の東スラブ系民族を支配下に収めて勢力を拡大していく（ヤロスラブリ賢公といえば、現在のロシア紙幣一〇〇〇ルーブルの顔だが、ウクライナ側も紙幣に使ってはロシアとウクライナのあいだで歴史論争を起こしている）。その後、子孫間による争いなどによりキエフ・ルーシは衰退、一二四〇年代にモンゴル帝国の侵攻を受けて崩壊する。

この「ルーシ」という言葉はなかなか難しい言葉だ。ルーシとは本来、現在の北部ウクライナのキーウ、チェルニーヒウ、ペレヤスラフを中心とする地域を指すとも、あるいは父なるドニェプル川と母なるヴォルガ川のあいだを指す言葉とも言われる。

キエフ・ルーシが一三世紀に崩壊すると、ルーシの中心は北東ルーシ、現在のモスクワへと移り、中世後期から近世前期にかけて「ベリコ（偉大な）・ルーシ（ロシア）」「マロ（小）・ルーシ（小ロシア、つまりウクライナ）」「ベラ（白）・ルーシ（ベラルーシ）」といったかたちで広がっていった。なかには「赤いルーシ（ガリツィア）」のように、一八世紀のロシア帝国とは無関係の地域まで、歴史的にはルーシと呼ばれた。

キエフ・ルーシ国家を支えたもう一つの原理として押さえておかなければならないのが、一〇世紀末にビザンツ帝国から伝わり、やがて国教となった東方正教だ。先述した「ウラジーミル大公の受洗」が、ロシア史の出発点であると考えられている。キエフ大公の位に就いたウラジーミル大公が、ビザンツ皇女を妃として迎えることを条件に自ら受洗したのが九八八年のことだった。この選択はウラジーミルの政治的な意図によるものであったが、それ以降、正教はルーシの国教となり国家とその民を統一する原理となった。

ルーシ国家以後

キエフ・ルーシは一二四〇年代にモンゴル勢の侵攻を受け、その従属国となった。以降、この地はキプチャク・ハン国の支配下に入るが、ロシアの伝統的な歴史学においては、モンゴルによるルーシ支配を「タタールの軛《くびき》」ともいう。ロシアやヨーロッパでは、モンゴルのことをタタールと呼んでいたからである。

このとき、民に対してモンゴルの代理人・まとめ役として台頭したのが北東ルーシの支配層であった。彼らは宗主国から政治や社会などの支配システムを学び、やがてモスクワ大公国、さらにロシア帝国へと発展していくことになる。

その後、一四六二年にイヴァン三世がモスクワ大公国の大公に即位する。イヴァン大帝の異称で知られる彼は、ルーシの北東部をモンゴル支配から解放し、自ら「ツァーリ（皇帝：シーザーのロシア語訳）」と名乗った。以後、モスクワ大公国はロシア・ツァーリ国と自称するようになる。また、この頃からプスコフの修道士フィロフェイが「モスクワは第三のローマ」と、ビザンツ帝国の崩壊を受けて提唱した。

ツァーリが正式に皇帝を意味する称号として用いられるのは、イヴァン四世（雷帝）からであった。支配領域を東西に大きく広げていったロシア・ツァーリ国は、その後ヨーロッパの大国として歴史の表舞台へと一気に踊り出ていく。

こうしてロシア・ツァーリ国はイヴァン三世（大帝、在位一四六二～一五〇五年）、ヴァシーリー三世（在位一五〇五～三三年）、イヴァン四世（雷帝、在位一五四七～八四年）の治世において、専制政治により安定と繁栄の時代を迎えた。しかし、バルト海沿岸のリヴォニアに攻め込んで以降（リヴォニア戦争）は、いわゆる「動乱の時代」へと突入する。一九世紀ロシアの作曲家モデスト・ムソルグスキーのオペラ『ボリス・ゴドゥノフ』などが、このときの混乱を物語っている。

ロマノフ朝の成立

ロマノフ朝が成立する以前の一七世紀初め、モスクワではカトリック系のポーランド＝リトアニア共和国の影響力が強まっていた。一六一二年、影響力を強めるポーランド＝リトアニア共和国に対し、ロシア・ツァーリ国の民衆は義勇軍を組織し、モスクワの解放に成功する。その解放記念日である一一月四日を、プーチン大統領がロシア革命記念日に代わる国民の休日としているのは象徴的だ。

解放の翌年、一六一三年に新たなツァーリとしてミハイル・フョードロヴィチ・ロマノフが選出され、ロマノフ朝が成立した。ロマノフ朝は国家としての基盤を整え、ミハイルの孫ピョートル大帝の時代になると一気に西洋化と近代化を推し進める。

モスクワの保守主義を嫌ったピョートル大帝は、新首都サンクトペテルブルクを建設。さらに北方戦争（一七〇〇～二一年）での勝利により、バルト海の覇権を手にする。ピョートル大帝は、ツァーリといった古い呼称も嫌い、「皇帝」を意味するラテン語「インペラートル」を宣言した。ロシア帝国は、この一七二一年の皇帝宣言から始まり、第一次世界大戦中の一九一七年の二月革命によるニコライ二世の退位によって終焉したとされる。

ロシア帝国の領土拡張は、フランスの軍人ナポレオン・ボナパルトによる侵攻を退けた一九世紀前半から飛躍的に発展していく。なかでも改革的なアレクサンドル一世、保守的なニコライ一世のもと、西はフィンランド大公国、バルト海沿岸地域、ポーランド立憲王国を支配し、東はシベリアや中央アジアへ向けて拡張を続けていった。

さらに、南部ではノヴォロシアやカフカース（コーカサス）を支配し、ペルシアやオスマン帝国と対峙するまでになる。現在、紛争が生じているノヴォロシアとは「新ロシア」を意味する言葉で、一八世紀末にロシア帝国が征服した黒海北岸部地域を指す。またカフカースとは、黒海とカスピ海のあいだを走るカフカース山脈の北側および南側一帯の地域のことである。こうして版図を拡大し続けたロシア帝国は、ユーラシア最強国としての地位を確立していく。

ロシア帝国の近代化改革

一八三〇年以降、ロシア帝国が目指したのは「不凍港」の獲得であったとされる。ロシアは今でこそ温暖化の影響を受けるが、それでも国土の多くがツンドラと呼ばれる凍土帯である。

一九世紀のロシア帝国が貿易で経済的な利益を得るためには、通年使用可能な不凍港の獲得が必要であった。黒海を挟んでオスマン帝国との対峙のもと、ロシアという陸の帝国は南下政策を推し進め、また中央アジア、アフガニスタン、イランをめぐって英国という海の帝国と争うようになる。

黒海の要衝クリミア半島をめぐる衝突が、先述した一八五三年から始まるクリミア戦争だった。このときロシア帝国は、オスマン帝国と英国、フランスの連合軍に敗れ、不利な条件でパリ講和条約を一八五六年三月に締結する。この条約により黒海の中立化が決定し、ロシア帝国の南下は阻止された。

クリミア戦争末期に即位したロシア皇帝アレクサンドル二世は、敗戦の原因を法制度などロシア帝国の近代化の遅れと考えた。皇帝は、国家予算の統一や国立銀行の設立、大学の自由化、徴兵制への移行など国内体制の再建を最優先に、国家・社会の諸制度を次々と改革していく。

国内では思想家のアレクサンドル・ゲルツェンなど改革を求める潮流が台頭し、一八六一年三月には、いわゆる農奴解放令が発布された。米国のエイブラハム・リンカーン大統領による奴隷解放宣言の、一年前のことだ。

しかし、与えられた土地が無償ではなかったこともあり、多くの農民は共同体（ミール）に拘束され、移動の自由を制限された。国民の不満は高まり、やがて革命による解放を目指すナロードニキなどの結社がつくられ、皇帝暗殺が試みられる時代へと移行していく。

農奴解放に続く社会制度改革でとくに重要なのが、地方制度改革と司法制度改革である。一八六四年一月の地方制度改革で、アレクサンドル二世は帝国内の県と郡に代議制議会を持つゼムストヴォ（地方自治機関）を設置した。さらに同年一一月に実施した司法制度改革により、それまでの身分別の制度の撤廃と裁判の公開、行政からの司法の独立などを実現する。農奴解放を含めたこれら一連の改革は、「大改革」と呼ばれた。

ロシア帝国による領土拡大政策

こうしたアレクサンドル二世による大改革の最中にあっても、ロシア帝国の領土拡大政策は継続された。一八六〇年の北京条約により、ロシア帝国は念願であった不凍港を清国から得て、「東方を領有せよ」を意味するウラジオストクと名付けている。さらに一八七五年には日本と「樺太・千島交換条約」を結んで、樺太を支配下に収め、また一八七七〜七八年の露土戦争でオスマン帝国に勝利し、バルカン半島の覇権を握った。一八七八年のベルリン会議で、セルビア、ルーマニアなどがオスマン帝国から独立、ロシア帝国は東方・南方へ向けても、その影響力を拡張していく。

その後、最後のロシア皇帝となるニコライ二世が、一八九四年に即位する。ニコライ二世は満洲などアジアへの進出を図るが、一九〇四〜〇五年の日露戦争に敗れたことにより、南下政策を諦めざるを得なくなった。一九世紀末にはヴォルガ川沿岸の古儀式派系商人といった民間資本も活動を強めたが、ストライキをはじめとする農民・労働者の社会運動、さらには辺境と中央との関係など、様々な問題が噴出していく。

世界初の社会主義国誕生

一九世紀末からヴォルガ川沿岸に台頭した古儀式派系の資本家層は、地下銀行のネットワークをもとに、勃興した繊維産業、水運業から銀行までを下から支えた。また、ソビエト（労働者・農民・兵士による評議会）などの組織ネットワークを提供したのも彼らであった。

日露戦争では、古儀式派が多いコサック兵も大量動員されたが、異端派という理由から戦死しても弔いをしてもらえなかった。これに激怒した古儀式派系資本家（グチコフ、リャブシンスキー、モロゾフら）が宗教的寛容を求め、日露戦争末期からモスクワやイワノボ・ボズネセンスクといった古儀式派地域でソビエトを結成する。この最初のソビエトが生まれたイワノボ・ボズネセンスクは繊維産業が盛んな街で、「ロシアのマンチェスター」ともいわれている。

第一次世界大戦中には農民兵の反乱が起き、ロシア革命（二月革命）を引き起こす原因となった。そして一九一七年、およそ三〇〇年続いたロマノフ朝が滅亡し、リベラル派や古儀式派資本家の多い臨時政府による「ロシア共和国」が成立する。

しかし帝国の崩壊の度合いは臨時政府の統制を超え、同年一〇月にはボリシェビキ（ロシア社会民主労働党のウラジーミル・レーニンや、これに合流したレフ・トロツキー、さらに左派エスエルら）によるクーデター（十月革命）が勃発する。その後、第二回ソビエト大会において、レーニンが人民委員会議議長（首相）に任命された。

五年に及ぶ内戦ののち、一九二二年にボリシェビキから「全ロシア（ロッシースキー）共産党」へと改名した一党独裁によるソビエト権力が拡大、ロシアのほかウクライナ、ベラルーシ、そしてカフカース共和国から構成されたソビエト社会主義共和国連邦、つまりソ連が一九二二年末に形成された。世界初の社会主義国の誕生である。

ちなみに「ソビエト」とは日本語で「評議会」と訳されるが、元来は当局に弾圧されて教会を持てなかったモスクワ周辺やウラル、ヴォルガ川沿岸の古儀式派による宗教組織が起源と思われる。ウクライナなどのコサックにおいては、ラーダがこれに当たる。中央執行委員会議長をはじめ長くロシア・ソ連の国家元首を務めたミハイル・カリーニン（在任一九一九〜四六年）は、モスクワ郊外の都市トゥベーリ出身の古儀式派系革命家だが、後継のニコライ・シュベルニク（在任一九四六〜五三年）も、三代目でドンバス地方出身のクリメント・ヴォロシーロフ（在任一九五三〜六〇年）も古儀式派系だ。

ロシア革命は、ボリシェビキらが依拠した農民や労働者と民族主義政党が率いた、諸民族による「複合的な革命」といえる。その後、首都は古儀式派の都でもあるモスクワへ戻され、ドイツ語風の呼称であったサンクトペテルブルクは、一九二四年にレーニンが亡くなるとレニングラードと改称された。レーニンは崇拝されるのを嫌ったが、後継者たちはレーニンを、貧者の聖人であり革命のシンボルとして赤の広場へ祭り上げた。

スターリンの時代

一九二九年一〇月、ニューヨーク株式市場で株価が大暴落した。この株価暴落が引き金となり、史上最大規模の世界恐慌が発生する。この世界恐慌により、一九三〇年代の資本主義国は苦難を強いられた。

一九二二年にソビエト連邦の共産党書記長となったヨシフ・スターリンは、一九二八年までにトロツキーやグレゴリー・ジノビエフなど党内反対派を政治局から追放、さらに抵抗派を排除しながら第一次五カ年計画による「農業の集団化」と「重工業化」を進めていく。農村の若者は大都市へと移り、穀物の強制調達で得られた原資をもとに、軍需工場やトラクター工場が作られた。

スターリンが独裁を確立した一九三〇年代は、人口の八割を占める農民に対する抑圧の時代でもあった。一九三二〜三三年には農村からの強制的な穀物の収奪により、ウクライナや北カフカース、カザフスタンで数百万単位の犠牲者を出す飢饉が発生する。

この時代のウクライナでの飢饉を、最近では「ホロドモール」と呼ぶ。ウクライナ語の「ホロド（飢え）」と「モル（絶滅や抹殺）」の合成語で、飢餓による殺害を意味する。これはクラークと呼ばれた「富農撲滅」運動における反ソ連分子の抵抗や、穀物の強制徴発が原因で起こった人災であった。ロシア南部生まれのゴルバチョフの最新の回想録『我が人生　ミハイル・ゴルバチョフ自伝』（東京堂出版）によると、村の三分の一が餓死したという。これはスターリンの起こした犯罪であり、ソ連南部の穀倉地帯全体を襲った悲劇であったが、ウクライナの民族主義者が強調するような「ウクライナ民族の根絶やしが目的」というものではなかった。

スターリンは三〇年代後半には農民抑圧だけでなく、共産党機関そのものを敵と見なすようになる。粛清の対象はスターリンへの反対派（党内左派のジノビエフ、カーメネフ、右派のルイコフ首相、ブハーリン）だけでなく忠実な党員にまで及んだ。恐怖政治は一般市民をも巻き込み、忠実なミハイル・トハチェフスキーなどの赤軍幹部まで粛清した。この恐怖政治が、第二次世界大戦初期の赤軍の敗北にもつながった。

一九三九年八月二三日、スターリンは突如ドイツと独ソ不可侵条約を結び、ともにポーランドへと侵攻を開始する。これが引き金となって第二次世界大戦が勃発すると、西ウクライナ（ガリツィアなど）はソ連に併合された。三九年一一月からのフィンランドとの冬戦争では、スターリンの盟友の軍人ヴォロシーロフが赤軍を指揮したが大敗を喫する。このフィンランドへの侵略行為により、ソ連は同年一二月に国際連盟から追放された。

大祖国戦争

続く大きなトピックスは「大祖国戦争」である。ソ連軍の弱さを見たヒトラーは独ソ不可侵条約を破棄し、一九四一年六月二二日に突如ソ連へ攻め込んだ（独ソ戦）。不意を突かれたソ連軍は大敗する。

破竹のドイツ軍はキーウを占領、ついにはスターリングラードからモスクワ近郊へと到達した。またドイツ軍は、レニングラードと呼ばれた現サンクトペテルブルクを九〇〇日にわたって包囲、さらにベラルーシは壮絶なナチスとのパルチザン戦争の舞台となった。

モスクワ郊外では一二月までにシベリア軍団が総動員され、モスクワ攻防戦が行われた。これを大祖国戦争と呼ぶのは、かつてナポレオンの侵攻を退けた一八一二年の「祖国戦争」になぞらえているからである。

大祖国戦争で犠牲になったソ連国民の数は約二六六〇万人、当時の人口の一三・五%に上るという。ドイツ人の犠牲者は五〇〇万～八〇〇万人、この間の英米の犠牲者はそれぞれ五〇万人程度、日本の戦没者数が約三一〇万人だというから、そのすさまじさが伝わる。

その後ソ連は、大西洋憲章で同盟国となった英国や米国、フランス、中国といった同盟国の支援を受け、ドイツを撃破した。その結果、ドイツ・日本・イタリアの枢軸国側が降伏し、第二次世界大戦は終結する。

連合国側が勝利したとはいえ、このときスターリンは英米に対して危惧を抱いた。英米が「第二戦線」というヨーロッパ戦線の開戦を一九四四年まで遅れさせ、独ソ共倒れを画策したのではないかと考えたのである。そのことが、冷戦での英米への不信となったといえる。

現在のロシア連邦では、ドイツが降伏した五月九日（英米仏などでは五月八日）を「戦勝記念日」としている。多大な犠牲を出しながらも第二次世界大戦の終結に大きく貢献したことから、ロシア人にとって大祖国戦争の勝利は特別なのである。

今回のウクライナ侵攻で、プーチンは対独戦勝記念日にこだわり、その日までに戦果を出すよう指示していた。確かに独ソ戦期、西部ウクライナのステパーン・バンデラなど民族主義勢力のなかには、ナチスと共闘して市民やユダヤ人を迫害したという歴史がある。当時、世界のユダヤ人人口は東欧・ソ連に偏在していた。第二次世界大戦開始時、ポーランドやソ連にそれぞれ約三〇〇〇万人、うちウクライナにおよそ一五三万人が暮らしていたと言われる。その多くが犠牲になった。

もっともバンデラ軍などはナチスに解放の意図がないとわかると、まもなく反ナチに転じる。ドイツ降伏後は一九五三年まで、ゲリラ闘争によりソ連軍を苦しめた。このように「ウクライナはネオ・ナチが支配している」というプーチン大統領の主張は、一部に真実があるとしても、時代的に現実味を欠いている。現在の「ネオ・ナチ」には、外国人と並んでロシア語話者やロシア人も参加しているからだ。

第二次世界大戦の終結から冷戦まで

第二次世界大戦末期の一九四五年二月、米国大統領フランクリン・ルーズベルト、英国首相ウィンストン・チャーチル、ソ連首相ヨシフ・スターリンの三首脳により、戦後処理の基本方針について決めた場所が、クリミア半島のヤルタであることに注目したい。ヤルタは、スターリン首相の別荘があったことでも知られている。

四五年五月のナチスの敗北を見越し、ポーランド問題や対日参戦、国連の形成が英米ソ間で話し合われた。当時主権国家ではなかったものの、ウクライナやベラルーシといったソ連以外の二共和国も国連の原加盟国となった。戦争犠牲者の夥しさが影響したといえる。

だが、対ソ協調派のルーズベルトが四月に死去し、後継のトルーマンは対ソ懐疑派であった。その後、ドイツ・ポツダムで七月に行われた首脳会談で、米国は極秘開発していた核兵器の完成をほのめかす。さらにソ連が八月に対日参戦して日本が降伏すると、ソ連と英米との距離が広がった。一九四六年初めまでに、米ソは事実上冷戦へと突入していく。

米国が核兵器をいち早く開発して実戦へ投入したことに衝撃を受けたスターリンは、直ちに核兵器開発に着手する。ソ連は一九四九年に原爆実験を成功させるが、核兵器の原材料であるウランを、一九四七年まで国内で発見することができなかった。そのため、ブルガリアやチェコスロバキアから輸入しなければならず、冷戦初期の東欧支配は不可欠であった。その後、米ソは相次いで水爆の開発に成功するなど、両国が保有する核兵器は瞬く間に急増、全人類を滅ぼすのに必要な数を圧倒的に上回った。

一九四六年二月、米国の駐ソ連臨時大使だったケナンは、スターリンが同盟関係を破棄して核開発を強化、世界大戦も辞さないつもりだという長文電報を本国に打電した。冷戦をめぐる緊張は、これを機に一気に高まっていく。チャーチルはバルト海からアドリア海まで「鉄のカーテン」があると三月に言った。

スターリン批判とキューバ危機

ドイツを押さえ、ソ連を欧州から追放したい欧米陣営が一九四九年に結成したのがNATOであった。一方、ソ連を主軸とする東側もこれに対抗し、スターリンの死から二年後の一九五五年に「ワルシャワ条約機構」を設立する。東ドイツ、ポーランド、ハンガリー、ルーマニア、ブルガリアといった同盟国がNATO陣営と対峙した。もっとも数多くの代理戦争はともかく、冷戦期に米ソが直接交錯した戦争は、じつは一度も起きなかった。

同じ頃、アジアでもいくつかの動きが起こっていた。一九四九年一〇月、中国共産党を中心に「中華人民共和国」が設立された。これ以降、スターリンが東アジアの事情に疎いこともあり、戦略的決定以外の対日関係や対ベトナム政策といった権限は北京に任せていた。これが、モスクワの強い指導力を背景とした東欧政策との大きな違いである。

また米ソの合意により、ソ連は朝鮮半島の三八度線の北側を占領したが、これが分断の固定化と一九五〇年六月からの朝鮮戦争を誘発する要因となった。ソ連は朝鮮戦争で空軍を提供したが、中国からも人民志願軍が参戦した。このとき国連軍総司令官ダグラス・マッカーサーが二六発の核兵器の行使を進言して、英国労働党首相クレメント・アトリーの怒りを買う。これがマッカーサーの権力基盤であった日本占領の連合国総司令官の解任へとつながり、日本独立への道筋を開いたといえる。

一九五三年のスターリン死後、新たな独裁者となったフルシチョフが目指したのは、米国を中心とする西側との平和共存、緊張の緩和であった。フルシチョフは一九五六年二月の「スターリン批判」により、独裁と恐怖政治を世界に暴露、非スターリン化を掲げた。西側陣営との平和共存を図ったソ連であったが、ハンガリーやポーランドといった同盟国では民主化運動を抑圧している。

一九六二年一〇月のキューバ危機では、ケネディ率いる民主党政権との関係が上手くいかず、ソ連のミサイル搬入をめぐる一三日間の緊張により世界を核戦争寸前にまで追い込んだ。結果的に米国の海上封鎖にソ連が譲歩、米国もトルコのミサイルを撤去し、核戦争は回避された。

その後、一九六三年一一月二二日にケネディ暗殺事件が発生する。フルシチョフ首相もまた一九六四年一〇月に解任され、後任は東ウクライナ軍産部門出身のレオニード・ブレジネフ共産党第一書記（まもなく書記長）であった。ちなみに冷戦が終わったとき、ソ連がキューバに戦術核兵器を大量に残していたことを西側は初めて知った。

ゴルバチョフの登場

一九八五年三月一一日、ミハイル・ゴルバチョフが五四歳という若さで、共産党書記長に就任した。北カフカースのコサック系コルホーズ農民の子だが、同郷でソ連邦閣僚会議付属国家保安委員会（KGB）出身のユーリ・アンドロポフの引きがあった。

ゴルバチョフは、一八年間に及ぶブレジネフ時代の停滞後に改革派として登場した。彼は内外での行き詰まりを解決するため、ペレストロイカ（再構築）およびグラスノスチ（情報公開）を旗印に改革へと着手する。しかし危機の根源は予想以上に深く、党内部の権力闘争を招いてしまう。

新思考と呼ばれた外交面では、一九八七年にレーガン米大統領とのあいだで、核軍縮条約であるINF条約（中距離核戦力全廃条約）を締結、中距離核戦力（INF）を全廃した。このときゴルバチョフ書記長の補佐官は「我々は、米国にとって敵を奪うという恐ろしいことをやる」と冗談を述べたが、唯一の超大国となった米国は果たして敵なき世界に対する準備がなかった。

さらに一九九一年七月には、米国のジョージ・H・W・ブッシュ大統領と第一次戦略兵器削減条約（START1）を締結する。これは両国が配備する大陸間弾道ミサイル（ICBM）・潜水艦発射弾道ミサイル（SLBM）・重爆撃機の総数を一六〇〇機に削減、また戦略核弾頭の総数を六〇〇〇発に制限するとした軍縮条約である。

数々の改革を成し遂げたゴルバチョフであったが、結局は最初で最後のソ連邦大統領を務めた人物となった。

ソ連崩壊

一九八九年一一月、ベルリンの壁が民衆の手によって壊され、一二月に地中海のマルタ島で行われた米ソ首脳会談により、第二次世界大戦後四十余年にわたって続いた冷戦の終結が宣言された。その翌年、東西ドイツが統一する。

そうした流れのなか、それまで「名ばかりの連邦国家」であったソ連において、面積・人口ともに最大であるロシア・ソビエト連邦社会主義共和国から、ゴルバチョフと同世代の政治家ボリス・エリツィンが台頭してくる。コサック系のゴルバチョフの家族にはウクライナ系もいたが、エリツィンはウクライナと疎遠なウラルの古儀式派出身だった。

一九九〇年六月、ロシア・ソビエト連邦社会主義共和国は主権を宣言、その翌年六月にはエリツィンが直接選挙により民選大統領に就任する。ロシア主権の優位を主張したエリツィンの登場により、モスクワにはソ連（ゴルバチョフ）とロシア（エリツィン）を代表する二人の大統領が同時に存在するという異常事態が発生した。ロシアの誇るエネルギー資源は一体どちらのものか、両大統領の権限をめぐる争いが生じた。

一九九一年八月、休暇中だったゴルバチョフは、クリミア半島で緩やかな新連邦条約を練っていたが、側近内の強硬なソ連維持派がこの新条約締結直前にクーデターを画策する（八月クーデター）。この企て自体は、エリツィン政府を中心とした民衆の抵抗により三日で挫折するが、これを機に政治の実権はロシアなど共和国側へ移っていった。

ソ連の権力中枢が弱体化したことで反モスクワ感情を高めていたバルト三国やソ連第二の共和国であったウクライナも独立の動きを見せる。クーデターが起きたクリミア半島のあるウクライナでは、九一年八月二四日に（ラーダ）議会が独立を宣言した。

ウクライナの初代大統領に就任した党のイデオロギー担当書記クラフチュクが、同年一二月一日に独立の国民投票を成功させた。同国のＫＧＢや東部軍産複合体など八月クーデター支持派はロシアを恐れ、冷戦後民主化の動きを活発化させていた西ウクライナの人民戦線などの独立派と合流する。

このように、ウクライナは当初から、保守派と急進派との呉越同舟で出発した。これが「予期しなかった」（アンドリュー・ウィルソン）国家誕生の秘密である。この間、米国やカナダでは北米の東方典礼カトリック教会などのディアスポラ集団が、ブッシュ（父）政権に対してウクライナ独立への強力な圧力を行使していた。

九一年一二月八日、ロシアのエリツィン大統領、ウクライナのクラフチュク大統領、ベラルーシのスタニスラフ・シュシュケビッチ最高会議議長のスラブ三国首脳が、ベラルーシのベロヴェーシの森にある旧ワルシャワ条約機構の演習地で会合を行い、ゴルバチョフに相談することもなくソ連解体とＣＩＳ（独立国家共同体）の形成を宣言した。後者の最大の目的は黒海艦隊などソ連核戦略部隊を、ソ連最後の国防相エフゲニー・シャポシニコフ元帥のもと、スラブ系三国で共同管理することであった。

欧米政府が、エリツィン大統領のロシアをソ連の後継国家と見なすと、中央アジアの共和国もそれに従った。一二月二三日にはクレムリンにおいて、国家権力を象徴する「核のボタン」と「政治局文書の鍵」が、ゴルバチョフからエリツィンへと渡された。これにより、七四年にわたるソ連邦と共産党の時代が終わりを告げ、ロシアは一九九一年一二月二六日に現在のロシア連邦となった。

マトリョーシカ国家・ロシア

ロシアという国家は、しばしば「マトリョーシカ」という入れ子人形にたとえられる。表面に見える事柄を越えて、より内側に秘めているものにその本質が存在する。こうしたロシアという国家の奥深さは、筆者自身一九七〇年代にモスクワへ滞在したときに実感した。当時、ソ連で暮らした経験から感じたのは、この国の深層には漠とした正教や民族主義、独自の文明の潮流が脈々と流れているということだ。

ロシア西部ウラルの古儀式派出身であるエリツィン自身、政治状況が転換するにつれ、独立と発展を志向する民族主義的な土着思想の持ち主であることがわかった。彼の護衛であるアレクサンドル・コルジャコフや情報公開担当のミハイル・ポルトラーニン、首相ヴィクトル・チェルノムイルジンもまた、同じ古儀式派出身であった。

エゴール・ガイダールやゲンナジー・ブルブリスといった側近は、ロシアが有するエネルギー資源を利用して「価格の自由化や民営化といった改革を、ロシア一国で行いたい」と望んでいた。もっとも、その結果行われた市場改革、とくに価格の自由化は急激なインフレを引き起こし、物価は一時、二六倍にものぼったという。

このように拙速に行われた民営化の結果、旧共産党のエリートとオリガルヒと呼ばれる新興財閥が、エネルギー資源、情報産業を中心に国有財産の多くを私物化していった。なかでもボリス・ベレゾフスキーやミハイル・ホドルコフスキーといった政府とコネを持つ者が、最も利益のある石油・エネルギーなどの企業を早い者勝ちで所有した。こうした経緯から、民営化はロシア人のあいだで正当性を失い、エリツィンの権威も低下した。

また独立したウクライナとロシア連邦との関係が、ソ連崩壊後最大の外交問題として浮上してきた。この兄弟国ははたして隣国として友好的なのか、それとも敵対するのか。詳しくは後述するが、一種の複合国家であるウクライナ、つまりカトリック系ポーランドとの関係が深い西部と、ロシア語圏で正教的（ロシアとの結びつきが強い）な東部との分裂および確執が存在し、これが九〇年代半ば以降本格化してきたＮＡＴＯの東方拡大と絡んでくる。いな、ウクライナは独立過程そのものに、スターリン統治時代の飢饉やナチスとの関わりをめぐる歴史観などで、北米のディアスポラの影響と圧力とが絡んでいた。

エリツィンからプーチンへ

冷戦終結により、軍事同盟の不拡大が新たな東西関係の原則となるはずだった。しかし、一九九三年に選出された米国のクリントン民主党政権は、しばしばロシアを無視してＩＭＦ（国際通貨基金）型の急進的市場改革に加え、ＮＡＴＯの拡大を進めていく。そのことがエリツィンの親欧米路線を次第に蝕み、大統領の人気も急速に萎んでいった。

一九九六年にエリツィンが大統領に再選される直前、親欧米派の外相アレクサンドル・コズィレフが失脚し、代わってゴルバチョフ系だったエフゲニー・プリマコフが指名された。湾岸戦争時、東洋学者でジャーナリスト出身のプリマコフは、ゴルバチョフのブレーンとして欧米が嫌ったイラクのサダム・フセイン大統領と交渉し、「対話による平和解決」を引き出したことで知られる人物だ。ソ連崩壊後のエリツィンとの関係も悪くなかった。またプリマコフは対外情報長官として、のちに世界銀行総裁となるウォルフォビッツなど、ネオコン系が唱え始めたNATO拡大の動向や、インド・中国の台頭と多極化にも注目していた。

プリマコフ外相は、一九九七年五月末にウクライナとのこじれた関係を修復、友好協力パートナー条約の批准を成功させる。当時、黒海艦隊の基地があったクリミア半島のセバストポリ軍港はウクライナ領となっていた。さらにウクライナのCIS離れも絡んで、黒海艦隊の帰属問題が宙に浮いていたのである。プリマコフは港湾を賃貸し、黒海艦隊を共同管理することで、この難問を決着させた。

この間、エリツィンの市場改革は九七年夏に起こったアジア通貨危機のあおりを受け、破綻しかけていた。この危機を救ったのもまた、プリマコフであった。プリマコフは共産党やリベラル派など議会多数派の推薦により、外相から首相となる。ロシア史上初の、議会との和解によって誕生した多数派政府であった。

アジア通貨危機後、プリマコフはＩＭＦに融資を要請し、ロシアを訪問したミシェル・カムドシュＩＭＦ専務理事とのあいだで全額融資にこぎつけた。経済の再建に成功し、国民からの支持も厚いプリマコフ首相は、エリツィンの病状もあって次期大統領候補の呼び声も高まった。これに危機感を覚えたエリツィンが、プリマコフに対抗する人物として登用したのが、元東ドイツ駐在ＫＧＢ出身で、ロシア連邦保安庁（ＦＳＢ）長官を務めるウラジーミル・プーチンだった。ＦＳＢとは、旧ソ連時代のＫＧＢの後継となる諜報・情報機関である。

当時、旧ソ連テレビ局を民営化したオリガルヒで、クチマ・ウクライナ第二代大統領などとも親しかったベレゾフスキーＣＩＳ執行書記も、プーチンを支援した。ベレゾフスキーはＣＩＳ統合と同時にジョージ・ソロスなど西側投機集団と組み、エネルギー資源の民営化の利益を狙っていたのである。

一九九九年末、病気がちだったエリツィン大統領はプーチンに後事を託した。それを受けたプーチンは市場を基礎に、国家権力の再建と保守主義、そして経済成長を掲げて登場する。プーチン後のロシアについては、第四章で詳述する。

ロシアのアイデンティティ

ここまで「ロシアとはどのような国家なのか」という問題について、歴史的な観点から眺めてきた。ロシア帝国やソ連の成り立ち、そしてソ連崩壊から現在に至るまでの流れを振り返ってきたが、ここからロシアのもつ宗教的・民族的アイデンティティがどこからきたのかについて詳述していく。

スターリン時代の「収容所」を暴いてノーベル文学賞を受賞したことで、ブレジネフ時代に国外追放された作家アレクサンドル・ソルジェニツィンは、ソ連末期に刊行した『ロシアをいかに立て直すか？』（邦訳『甦れ、わがロシアよ――私なりの改革への提言』日本放送出版協会、一九九〇年）のなかで、「三つのスラブ系共和国こそがソ連に代わるロシアの中心である」と述べた。この構想がCIS形成という三兄弟国家の中心理念となった。

もっとも実際のロシア連邦は、複雑なエスニック集団からなる国家である。二〇一〇年のロシア連邦の国勢調査によると、ロシア連邦は一九〇余の民族から構成され、最多のロシア人が約七八％、タタール人が約5％、ウクライナ人・バシキール人・チュバシ人・チェチェン人がそれぞれ約一％、そのほかアルメニア人、アヴァール人、モルドバ人と続くが、すべて一％以下となっている。

ウクライナ侵攻と宗教の関係

現在のロシア連邦の国章には「双頭の鷲」が描かれているが、これは東ローマ帝国に淵源する正教文化圏であることを意味している。頭を二つ持つ鷲の紋章は、古くは東ローマ帝国や神聖ローマ帝国の象徴として、その後はギリシャ正教会などでも使用されてきた。現在もロシアのほか、セルビア、アルバニアなどでも国章として用いられている。

今回のウクライナ侵攻を考える上で看過できないのが、ロシアにおける正教という宗教の存在だ。とくにロシア革命を主導したレーニンをはじめとするボリシェビキの成功の陰には、古儀式派と呼ばれるロシア正教会の異端派の存在があったことが最近になって明らかとなってきた。

モスクワを拠点とした古儀式派は、一七世紀にウクライナなど親カトリック勢力との和解に反対した正教の一派である。「宗教はアヘン」と異端視したソ連期のイデオロギーもあり、これまであまり知られてこなかったが、ロシア人の歴史観、さらには宗教的アイデンティティに大きな影響を与えてきた。ちなみにロシア革命一〇〇周年である二〇一七年に、この宗派を公的に承認したのがプーチン大統領だった。

繰り返しになるが、同派は一六六六年のニーコン総主教の典礼改革に反対し、ロシア正教会から破門された。分裂主義者とか分離派（ラスコリニキ）とも呼ばれ、ドストエフスキー『罪と罰』の主人公、ラスコリニコフの由来としても知られているが、この『罪と罰』の出版は正教会分裂二〇〇周年（一八六六年）を記念したものだった。近年、キッシンジャーやジェームズ・

マチス元国防長官がプーチンのことを（否定的文脈だが）「ドストエフスキー的人物」と評するのは、このことを指す。

もっとも、このときの主な対立点は信仰教義ではなく、「十字の切り方」などの儀式やテクストに関わるものだった。ニーコン総主教は、父と子と精霊の三位一体を示す「三本指で十字を切る」方法を導入したが、対する古儀式派はイエス・キリストの神性と人性を表す「二本指で十字を切る」という旧来のやり方に固執した。こうしてカトリック的影響を嫌ったアバクーム府主教ら古儀式派は破門され、現在のウクライナを含む正教帝国ロシアから、その後三世紀にもわたって迫害を受けることとなった。

こうした儀式上の違いは、当時のギリシャ正教などキリスト教世界全体の地政学をめぐる潮流も絡み、深刻な分裂へと発展する。その潮流とは、当時ヨーロッパ・キリスト教世界への脅威となっていたオスマン帝国に抵抗するため、カトリック影響下のウクライナと和解・統一したロシア帝国を作るという思惑だ。つまり、ロシア帝国とはロシア人の国家ではなく、正教の帝国なのである。

クリミア半島や「新ロシア」のロシア化や軍事化を促したエカテリーナ女帝など、帝国形成にドイツ系が重要な役割を果たしたのも不思議ではない。ちなみに古儀式派をナロードニキの反政府活動に巻き込もうとした思想家ゲルツェンも、その名が「心臓」に由来するドイツ系ロシア人だ。

第三のローマ

なぜキリスト教世界で最も権威をもっていたギリシャの聖職者たちは、「カトリックと東方正教会との統一」を提唱したのか。それは「第二のローマ」と呼ばれた聖地コンスタンティノープル（現イスタンブール）を、「異教徒であるオスマン帝国から取り戻したい」と考えたからである。聖地管理権を握るオスマン帝国に対抗するため、当時軍事的勢いを増していた北東ルーシ、つまりモスクワ大公国の取り込みを図ったということだ。

つまりこういう理屈だ。一四五三年、東ローマ帝国として一〇〇〇年以上の歴史をもつビザンツ帝国が、オスマン帝国によって滅ぼされた。このとき、ビザンツ帝国最後の皇帝コンスタンティノス一一世の姪ソフィアと結婚したモスクワ大公国のイヴァン三世は、正教に対して忠実であった。こうしたことから、「モスクワこそ正教を守護する権力」「キリスト教世界を守る特別の任務がある」という考えが生まれた。「モスクワこそ第三のローマ」という観念が、正式教義としてではないものの信じられるようになったのである。

その後「『第二のローマ』であるコンスタンティノープルを、異教徒の手から奪還する」という、いささか時代がかった一六世紀末のローマ教皇主導による東西教会の統一にモスクワは反発した。ロマノフ王朝期の一七世紀半ば、ニーコン総主教が儀式の統一を図ろうとしたことにも、アバクーム府主教ら「モスクワは第三のローマ」と信じる伝統的正教徒が反発し、こうして一六六六年のロシア正教会分裂が起きた。伝統派は分裂主義者（ラスコリニキ）として弾圧された。

ウクライナ危機の背後にあるもの

「モスクワは第三のローマ」という考えは、一六世紀頃からモスクワ大公国が自らの存在を定義するために使われはじめた。チンギス＝ハンなど東方からの脅威、いわゆる「タタールの軛」から自由になると同時にビザンツ帝国も崩壊、モスクワ大公国は独自の存在感を高めていった。

ロシアは世界最大の国土という地理的環境もあり、東西を睥睨する存在といえる。それは帝国の特質でもあり、そうした意味でモスクワはまさに「第三のローマ」と呼ぶべき国家と見なされた。ロシア人は国民となる前に世界市民となったのだ。

筆者がプーチン・ロシアを「第三のローマ」という角度から読み解きたいと主張するのは、現代ロシアは世界経済のなかでは二％と、米中のような超大国ではないとしても、単純な国民国家という枠組みだけでは理解できないからだ。また、ユーラシアにおけるネットワークと存在感も無視できないと考える。

ソ連崩壊後のロシアは、一六もの国家と国境線を接していた。今回のウクライナ侵攻以降、二〇二二年六月のNATO首脳会議で合意されたフィンランドなども含め、そのうち半分がNATO関連国となる。隣接国のなかには、いわゆるアブハジアのような未承認国家も含まれるが、この相互関係、さらにはその背後にある国際関係をロシアは判断せざるをえない。

今回の行動とは反するように思えるかもしれないが、本来のロシアは対外行動には意外に慎重な国家だ。そのことは、モンゴル史に詳しかった作家の司馬遼太郎も『ロシアについて』で指摘している。こうした視点は、ウクライナなど近隣国との関係を含め、プーチン大統領の行動原理を考える上で非常に重要だ。この点については第四章で詳述する。

現在のウクライナ危機の背後にあるのも、こうしたルーシ国家誕生以来の正教世界をめぐる世界観の違いともいえる。カトリックが影響力を持つ東方典礼カトリック教会が、NATOと連携している。これに対して東ウクライナやノヴォロシアの正教勢力を守らなければならない。一九四一年末、ナチスとドイツ国防軍がウクライナ人とともにモスクワ郊外（新エルサレム）までやってきた。これに対抗する「大祖国戦争」は、古儀式派が多いシベリア軍団の参戦した「第三のローマ＝モスクワ攻防戦」に始まる。第三インターナショナルを解散し、代わりに「第三のローマ」を防衛せよ、と言わんばかりである。

古儀式派とドンバス

古儀式派は今回のドンバス地方の紛争とも絡む。ロシアの小説家ミハイル・ショーロホフの『静かなドン』には、この地方の内戦期の古儀式派墓地の記述が出てくる。一九一六年の数字ではドン・コサックの四六％、テレク川のコサックは六〇％が古儀式派信徒であったといわれる。

また炭田開発にもモスクワの古儀式派資本が絡んでいた。同地出身の軍人で、スターリンの死後ソ連最高会議幹部会議長となるヴォロシーロフやソ連の元帥セミョーン・ブジョンヌイなど古儀式派系コサックは赤軍側で戦った。ちなみに書誌学者のピョートル・トカチェンコは最近の論文で、「ショーロホフ自身が当時読んでいた聖書とは、古儀式派のそれであった」と主張している。

ロシアのドネツク県委員会書記だったモロトフも古儀式派系だが、一九二〇年末にウクライナ共産党の初代書記となった。

モロトフと並んで長く外相を務めたアンドレイ・グロムイコも回想録で、自身が古儀式派出身であることを明かしている。新生ロシアの初代大統領エリツィンもウラル地方の古儀式派といわれており、プーチンの出自にも古儀式派の影が見え隠れしている。彼を支持する東独ＫＧＢ時代の同僚セルゲイ・チェメゾフなどのように、プーチン時代になって古儀式派四派の統合を目指す動きもある。

戦争だ。

世界におけるロシアの立ち位置

一九世紀半ばのクリミア戦争は、ロシアから見れば聖地の管轄権をめぐる宗教戦争であった。それから一六六年後の現在、ウクライナで起こっている戦争も、同じように宗教的・民族的な争いといえる。ロシア正教とカトリック、そしてイスラムという文明の「断層線」で起こった戦争だ。

ドンバス地方の紛争の歴史的背景を理解するには、ドストエフスキーやショーロホフを読むことの方が重要だ。ちなみに『文明の衝突』のハンチントンの論敵だったフランシス・フクヤマは、最新作『Identity』でようやく民族主義と宗教の記述が入った。しかし、そこで論じているのはもっぱらドイツ問題で、ロシアやウクライナへの考察は希薄だ。

今回のウクライナ侵攻で一つ言えるのは、ロシアはG8を追放された代わりに、BRICS（ブラジル、ロシア、インド、中国、南アフリカ）やG20など多極化世界で生きる道を選んだということだ。これら多極化世界でロシアへの制裁に熱心な国は少なく、とくにインドや中国は西側のエネルギー制裁の抜け穴となっている。ただし、この考えはエリツィン期のプリマコフ首相の提唱した多極化のシナリオであり、バイデン大統領などの「民主主義か、専制主義か」という価値観外交とは異なる。

先にも述べたが、現在のロシアは石炭・石油・鉄鋼といったエネルギー資源や軍需産業で存在感を示すものの、世界経済的には超大国と呼ぶべき国ではない。絶えず国境問題を抱え、国民の経済格差も看過できないほど大きい。プーチンは大統領に就任する直前の一九九九年に表明したミレニアム論文で、米国の一〇分の一、中国の五分の一にまで低下したロシア経済の現実を示し、「強いロシア」の復活を唱えた。

他方、安全保障の観点からすれば、太平洋と大西洋、そして北極海と中東世界のそれぞれ中間に位置するロシアは、今後もその挙動が世界に直接影響を与え続けていく。

おそらく今後ロシアは、西の欧州から東のアジアへとシフトしていくだろう。「脱欧入亜」戦略の始まりである。プーチンが推し進めてきた「東方シフト」が、今後の中ロ関係、あるいはインドとどう絡んでくるのか。この問いに対する答えは第六章で詳述したい。

第三章　分裂するウクライナ

「ナロード」とは何か

今回のロシアによるウクライナ侵攻を理解するうえで議論の中心になっているのが、プーチン大統領が二〇二一年七月に発表した「ロシア人とウクライナ人の歴史的一体性について」という論文であることは先に触れた。プーチンはこの論文でロシアとウクライナは同じナロードであるという主張を展開した。ロシア史においてナロードは伝統的に「民」「人民」と訳されてきたが、プーチンがここで「ナロード」と主張する「民」とは、一体何を指すのか。

まず「民」は、「①国家や社会を構成する人々。国民。②君主国で君主の支配下にある人々。臣民。③キリスト教で、神に従うものとしての人間（デジタル大辞泉）」とある。一方、「民族」は主として一九世紀後半から現れた言葉、「言語・人種・文化・歴史的運命を共有し、同族意識によって結ばれた人々の集団（デジタル大辞泉）」とされる。つまり、プーチンが言いたかった「民」とは、自決権を持つ「民族」といった二〇世紀的な意識ではなく、より神学的意味での一体性・同一性を持つ人々のことだった。

ロシア語とウクライナ語で書かれたプーチン論文は、親欧米に転じたウクライナをロシア側に引き戻そうとするものだった。論文のなかでプーチンは、中世のキエフ・ルーシに由来し、「ウクライナとベラルーシ、ロシアは三位一体」という国家観を想起させながら、ロシアとウクライナは単一の経済システムの中で補完し合ってきたと述べる。

主権国家としてのウクライナを認めていないとも受け取ることができる内容だが、これに対して二〇世紀末からの主権国家ウクライナの独自性を説くゼレンスキー大統領は「カインとアベル」の喩えを引き、先の論文を強く批判している。この「カインとアベル」とは、旧約聖書に登場するアダムとイヴの息子たちのことだ。ある日、兄カインは収穫した農作物を、弟のアベルは肥えた羊の初子を神へ捧げたが、神は弟の貢ぎ物にしか目を向けなかった。自分の捧げ物が神に受け入れられなかったことに腹を立てたカインは、弟のアベルを殺してしまう。「人類最初の殺人」ともいわれるエピソードである。

筆者がロシアとウクライナとの関係を「兄弟国」として理解するのは、それがともに九八八年のキエフ・ルーシにおけるウラジーミル大公のキリスト教受洗に淵源するからだ。つまり「ルーシの物語」は、この大公の宗教的回心から始まり、ロシアとウクライナには同祖的な政治的・宗教的関係が存在すると考える。しかし正教を離れてカトリック世界から眺めると、ロシアの行為は単なる「モスカリ（モスクワの蔑称）」「タタールの軛」以来のアジア的野蛮に見える。「カインとアベル」のような兄弟殺しの悲劇は、なぜ起きたのか。ウクライナ戦争の意味を考えるとは、人類史の転換に迫ることなのかもしれない。一九世紀までとは違い、二一世紀のアジアは新しい文明的経済国が、欧米先進国に挑戦している。ドンバス地方とクリミア半島、ロシアがウクライナとの境界をめぐる戦争を行っているのは象徴的事態といえる。

「ウクライナ」の意味

このルーシをめぐる近代史観は、一六七四年にキーウ（キエフ）で出版された一冊の書物からはじまる。聖職者・歴史家のイノケンチー・ギゼリが著した史書『ルーシ統一の夢』（『キエフのシノプシス』とも称されている）である。この歴史書は宗教書でもある以上、モスクワとキーウとの関係、タタールやポーランドとの関係は記されているが、「ウクライナ」という地政学用語は一度も出てこない。

しかし、「ロシアとは何か」を議論するとき、ウクライナの存在を抜きにして語ることはできない。ウクライナという国家は単なる隣国というだけではなく、ロシアにとって重要な歴史的起源であると同時に、地政学的・地経学的な問題が絡んでくる。

先述したように、ウクライナとは、もとはスラブ語系に共通する普通名詞で、「辺境」あるいは「端」「地方」といった意味を持つ。問題はウクライナとはどこから見た辺境かということだが、すでに指摘したように、歴史的にはポーランドから見た「端」である。この食い違いこそが、現在のウクライナとロシアをめぐる問題の複雑さを浮き彫りにしている。

第二章で述べたように、キエフ・ルーシは一三世紀のモンゴル帝国、チンギス＝ハンの孫バトゥによって滅ぼされた。さらに一五世紀半ばには東ローマ帝国が崩壊、そこから東方正教をめぐる混乱がはじまる。当時のキリスト教世界はイスラム、とくにオスマン帝国の台頭を目の当たりにして危機感を覚えた。こうして東方正教とカトリックは、ギリシャ聖職者の考えもあり、再接近していく。

もっとも、この二つのキリスト教のあり方は、とくに国家論で異なっていた。西ヨーロッパではカトリック教会（普遍教会）を守る国家がもはや存在していなかったのに対し、一〇〇〇年以上続く東方正教世界では、国家と教会との関係は「交響的」、つまり不可分に結びついてきた。正教世界では、国家が宗教を保護してきたのである。

現代ウクライナの誕生

現在、約四三〇〇万の人口を擁するウクライナは、ヨーロッパではロシア、ドイツ、英国、フランス、イタリア、スペインに次ぐ第七位の大国だ。国土面積は、ロシアを除けばヨーロッパ最大の約六〇万平方キロと、日本の約一・六倍。国土のほとんどは肥沃な平原ということもあり、スターリンによる飢饉までは「ヨーロッパの穀倉」と呼ばれてきた歴史を持つ。

もっとも、ウクライナが現代国家として誕生したのはソ連崩壊後である。こう書くと新興国のようだが、先に述べたように国連には設立当初の一九四五年から加盟している。しかも五一ある原加盟国の一つとして、三度にわたって安全保障理事会の非常任理事国も務めてきた。つまりソ連の構成共和国でありながら、同時に国連においては国家として扱われているという奇妙な立ち位置だ。こうした複雑な歴史こそ、ウクライナが「半主権国家」と呼ばれる理由だ。

ロシアと西側諸国との対立が、ウクライナをめぐってなぜここまで深刻化したのか。その原因をたどると、ソ連崩壊後の国民国家形成と安全保障との問題が浮上してくる。ソ連崩壊前の主権宣言にともなう国境の画定により、当時ウクライナに居住していた一一〇〇万のロシア人およびロシア語話者が、一夜にしてウクライナ国民になった。クリミア半島での支持率こそ三六％と低かったものの、一九九一年一二月一日の国民投票で九割以上の支持があった。

新国家がウクライナ語のみを国語としたことで、ロシア語話者が別国の、それも「二級市民」にされることを、ロシア側は次第に問題視した。ソ連時代のウクライナではロシア語が公用語であった。しかし独立後、一一〇〇万のロシア人やロシア語話者は、ウクライナ語を強制された。ここに言語戦争としての要因がある。そこでロシアは「『ロシア世界』を守りたい」と主張した。第二章でも説明したが、「ロシア世界」とはかつての「近い外国」を再統合し、ロシア語話者などの同胞を擁護するという観念でもある。もっとも二〇一四年のクリミア併合で、結果的にプーチンは多くのウクライナ人を敵に回すことになった。「クリミアは得たが、ウクライナを失った」といわれる所以である。

他方、欧米から見ればウクライナはすでに主権をもつ独立国であり、ロシアとの「特殊な関係」などは到底認められない。ロシアがどれほどウクライナを「兄弟国」として重視しても、とくに中東欧出身者の多いネオコン派には意に介する道理などない。

一九九一年にソ連が崩壊したことによって生じた米ロ間の対立の結果、米国など西側諸国は旧ソ連地域を「地政学的な多元主義」、すなわち各主権国家が対等となるべきだという考えを打ち出した。一方ロシアは、第五章で詳述するように核戦略部隊を共同管理するCIS（独立国家共同体）を梃子《てこ》に、「ロシア主導による旧ソ連地域の一体性」を保全しようとしたのである。ソルジェニツィン流のスラブ系三兄弟国家が、IMF系の経済学者ジェフリー・サックスなども支持して運営されるはずであった。

ウクライナをめぐるロシアと西側諸国との対立は、このように非常に根深く、こうした歴史が軍事的緊張を後押ししてきた。ウクライナは、単にNATOなど欧米とロシアに挟まれた地政学的な緩衝地帯というだけではなく、一触即発の軍事衝突をもたらしかねない結節点へと押し上げられた。

様々な国に支配されてきたウクライナ

この章では、ウクライナの起源から独立、現在に至るまでの経緯について詳述する。

第二章で俯瞰したように、ウクライナの地はロシア帝国やソ連、さらにそれよりもはるか以前から、ポーランドなど様々な国によって支配されてきた。しかし、それでもウクライナという国家は、自民族特有のアイデンティティを保ち続けてきた。

　現在のウクライナの地で暮らしていた民族については、かなり古い時代から数多くの文献に記されている。紀元前八世紀頃の詩人ホメロスの『オデュッセイア』によると、黒海北岸の地は「キンメリア人の地」と呼ばれていたという。紀元前から様々な遊牧民族がこの地へ到来し、紀元前八世紀頃にはイラン系騎馬民族で鉄器を扱うスキタイ人が居住していた。このスキタイ人による国家は、紀元前四世紀頃に最も繁栄した。

　ドニェプル川流域に住み着いたスキタイ人は、紀元前六世紀頃にここへ国家を建設し、遊牧生活を営むようになる。紀元前二世紀頃に遊牧騎馬民族サルマート人によってドニェプル川から追われると、スキタイ国家はやがて衰退し、東スラブ族がこの地へ入ってきた。その後、八六二年頃に北欧から下ってきたバイキングの一族であるリューリクが、キエフ・ルーシを建国したことについては、第二章ですでに述べた通りである。

フメリニツキーの乱

　一二四〇年代にモンゴル帝国バトゥの侵攻を受けてキエフ・ルーシが崩壊すると、ルーシの中心は、北東ロシアやモスクワへと移っていった。一四世紀になると、この地の大半はリトアニア大公国（のちのポーランド）の支配下となる。一四世紀から一六世紀にかけては、漁労を営むコサックが、現在のウクライナ南部にあたる地域に集団を形成し、オスマン帝国やクリミア・ハン国との交流や略奪に至る関係を維持していた。

そして一七世紀初めに、ウクライナの国民的英雄でウクライナ・コサックの大長官を務めたペトロー・サハイダーチヌイが台頭してくる。彼はウクライナ文化の振興、さらには正教（キリスト教）の保護なども行っている。一七世紀半ばになると、強大化したコサック集団を統制しようとしたポーランド＝リトアニア共和国が、正教徒の首長ボフダン・フメリニツキー率いるウクライナ・コサックと戦争を行う。ポーランド＝リトアニア共和国に対する一六四八年の反乱は、「フメリニツキーの乱」と呼ばれ、モスクワ大公国をも巻き込む争いへと発展した。

その後、一六五四年のペレヤスラフ会議で、フメリニツキーはモスクワ大公国に保護を求め、これによりモスクワによるウクライナ支配を招く。ドニェプル川右岸はポーランド領、左岸およびキーウはモスクワ領となった。

そして一七二一年、ピョートル大帝が皇帝（インペラートル）を宣言したことにより、帝政ロシアが完成する。イングランドとスコットランドの合併（一七〇七年）によるグレート・ブリテン王国が形成された一四年後のことであった。

宗教との関わりで言えば、この海の帝国（英国）と陸の帝国（ロシア帝国）は、意外に似た側面をもっていた。英国国教会がカトリックと清教徒など分離派を排除したように、ロシア正教会もロシア帝国に従属するかたちで宗務院が管理を行い、総主教座は廃止され、カトリックや古儀式派が排除された。

数百万人の餓死者を出した「ホロドモール」

それから半世紀後の一七七二年には、ポーランドが隣接するロシア帝国、プロイセン王国、オーストリア帝国の三強国によって分割され、一七九五年に国家が消滅する。以降、第一次世界大戦までの約一二〇年間、ウクライナのおよそ八割はロシア帝国に支配された。一方、ガリツィア地方（現在のウクライナ西部およびポーランド東南部）はオーストリア帝国の領土となった。

ここでポイントとなるのが、クリミア半島だ。同地は一八五三年に勃発したクリミア戦争の主戦場であった。繰り返すがクリミア戦争とは、クリミア半島においてロシア帝国とオスマン帝国・英国・フランス・オーストリアなどとのあいだで起こった戦争である。原因はロシアの南下政策もあったが、本来は「聖地管理権」をめぐる宗教戦争であり、一年近くに及ぶ攻防の結果セバストポリが陥落し、ロシアは敗北する。

第一次世界大戦末期の一九一七年、二月革命後のウクライナに中央ラーダ政府が誕生する。中央ラーダとは、ウクライナ人民共和国の政治中枢機関である。ラーダはウクライナ語、より正確にはコサックの「評議会」を意味する言葉だが、議会というよりもロシア語の「ソビエト」にあたる。

　中央ラーダは一七年末に独立し「ウクライナ人民共和国」を宣言するが、ロシア・ソビエト政府はこれを認めず内戦に突入する。最終的に一九一九年三月にウクライナ社会主義共和国が成立、一九二二年一二月にロシア、ベラルーシとともにソビエト連邦を結成した。

　第二章でも触れたように、ソ連支配下のウクライナでは一九三二～三三年に発生した「ホロドモール」により、数百万人の餓死者を出すという惨事が起こった。スターリンの集団農業化政策と穀物強制調達により生産量が激減したことが原因といわれている。これはロシア南部も同じだった。

　ウクライナの第三代大統領を務めたヴィクトル・ユシチェンコ政権は、この大飢饉をスターリンの命令によって行われた、ウクライナ民族抹殺のジェノサイド（集団虐殺）だったと主張した。この大飢饉による犠牲者数については、英国の元諜報部員だったソ連史家のロバート・コンクエストは七〇〇万～一〇〇〇万人と誇張した数字を挙げたが、英国のバーミンガム大学研究チームの評価は二〇〇万～三〇〇万人と控えめであった。

　続く一九四一年六月からの独ソ戦では、ドイツ軍がウクライナの地の多くを占拠した。ガリツィアでは、反赤軍・反ユダヤ主義のステパーン・バンデラ率いるウクライナ民族主義組織が独立を望むものの、ナチスとの協力による独立は幻想でしかなかった。この間、同地のユダヤ人虐殺（ポグロム）が猖獗を極め、これがプーチンの「ウクライナをネオ・ナチから解放する」という発言につながっている。現在、論争の的となっているバンデラだが、彼はヒトラーに会ったことはなかったという。

赤軍がウクライナを「解放」した一九四四年以降、バンデラはウクライナ蜂起軍指導者として、一九五四年頃までソ連軍と戦ったが、五九年にソ連によって暗殺された。なお、ユシチェンコ政権は二〇一〇年にバンデラに対し、「ウクライナの英雄」の称号を与え復権させている。

ロシアとウクライナの問題を複雑にしたのが、一九五四年のフルシチョフによるクリミア半島のウクライナへの帰属替えだ。先にも述べたが、この決定はロシア帝国による保護国化のきっかけを招いたとも評されるペレヤスラフ協定（一六五四年）の三〇〇周年を記念したものとされている。

東西ウクライナの宗教

ここまで、ウクライナという国家の複雑な成り立ちを眺めてきた。近隣の大国や帝国に翻弄されてきた歴史が、現在のウクライナのあり方に深く関わっているが、それと同じくらい強く影響を与えているのが宗教問題だ。ここで宗教という角度から、ウクライナとロシアとの関係を議論したい。というのは、国際法やパワー・ポリティクスといった観点からだけでは、両国の関係を理解することはできないからだ。

ウクライナにおけるキリスト教は、大別すると正教とカトリックとに二分される。そのウクライナ正教会も単一の宗派というわけではなく、モスクワ総主教庁とキエフ総主教庁、さらには独自の自治独立正教会に分かれていたが、キエフ総主教庁と自治独立正教会は二〇一八年にコンスタンティノープル総主教のもとで統合している。

ウクライナがモスクワではなくポーランドから見た「端」であることはすでに述べたが、そのウクライナは国内で東西二つの異なる相貌を持つ。筆者はこれを「二つのウクライナ」問題と呼んでいる。

「二つのウクライナ」とは、正教との関係の深い東ウクライナ、それとポーランドやハプスブルク帝国内でユニエイト（東方典礼カトリック教会）の影響を受けた西ウクライナのことだ。東ウクライナは民族的にロシア人、もしくはロシア語を主として話すウクライナ人が暮らす地域で、宗教的には正教徒が多い。これに対し西ウクライナはウクライナ語中心で、かつユニエイト派の拠点となってきた。ちなみにユニエイトとは、儀式は正教に則りつつ、叙任権はローマ教皇がもつという宗派である。こうした一〇〇〇年にもわたるこの地の歴史的・宗教的経緯を抜きに、地政学や安全保障論のみでウクライナを議論すれば、一方的な結論に至る危険があるだろう。

ソ連崩壊後のウクライナ

ソ連崩壊の引き金となったのが、「はじめに」でも触れた八月クーデターと呼ばれるゴルバチョフ大統領に対するソ連維持派のクーデター未遂事件である。この八月クーデターは、新連邦条約の締結を翌日に控えた一九九一年八月一八日から発生していた。

当時、クリミア半島の別荘に滞在していたゴルバチョフは、新条約によってソ連邦を構成する主権共和国の権限を大幅に拡大しようとしていた。一方、それに反対するゲンナジー・ヤナーエフ副大統領や、クリュチコフKGB議長ら保守派グループは、新条約の締結が連邦崩壊につながりかねないと考え、新条約の締結阻止と大統領解任へと動き、代表を別荘に派遣し権力譲渡を迫った。

こうした経緯により発生したクーデターが、エリツィン・ロシア共和国大統領を中心としたモスクワ市民らの抵抗により、三日で失敗に終わったことは、二〇二一年末に出版した拙著『ソ連を崩壊させた男、エリツィン』(作品社)で詳説した。この事件をきっかけに、ソ連は崩壊へと突き進んでいく。

ウクライナでクーデターの挫折を目の当たりにし、いち早く反共産党を掲げてソ連解体を主導したのが、のちに初代大統領となるイデオロギー担当書記だったレオニード・クラフチュクである。クラフチュクは冷戦終結後、西ウクライナで強まった人民戦線ルフなど独立派の意向を取り込み、ゴルバチョフがソ連共産党解体の意思を示した八月二四日にウクライナ議会で独立を宣言した。

じつはウクライナのKGBやソ連軍、軍産複合体といったソ連維持派もまた、エリツィンらモスクワからの訴追を恐れて独立派支持に急旋回した。こうして誰も予期しなかったウクライナ独立への動きが、「偶然の外的事情」（アンドリュー・ウィルソン）により加速していく。

その後、一二月一日の国民投票と大統領選挙により、クラフチュクは初代大統領に就任する。こうしてソ連崩壊後のロシアとウクライナは、異なる国家として別々の道を歩むこととなった。

この動きには、米国政府や北米での西ウクライナ系ディアスポラ集団による強力な支援があったことは意外に知られてない。ジョージ・H・W・ブッシュ大統領とブレント・スコークロフト安全保障担当補佐官らの回想によると、とくにカナダや米国内のウクライナのディアスポラが、ウクライナ独立への大きな応援団となった。米国のペンタゴンはゴルバチョフに対して同情的であったが、国務省は崩壊支持だった。

この過程を宗教という角度から見てみると、建前は無神論の国家であったソ連が崩壊し、代わりに甦ったのが「ベリコ・ルーシ（現ロシア）」と「マロ・ルーシ（現・東ウクライナ）」、「ベラ・ルーシ（現ベラルーシ）」という正教に由来するルーシ三国家にほかならなかった。共産党の重しが外れたことで、作家ソルジェニツィンが提唱した「正教の三共和国」の鼎立へと向かい始める。

もっともウクライナでは、独立後も統一した正教会ができなかった。最大のウクライナ正教会モスクワ総主教派に対し、独立後はフィラレト府主教などのキエフ総主教派に分かれた。

その後、二〇一四年のプーチンによるクリミア併合をきっかけに、ポロシェンコ大統領やウクライナ正教会はモスクワからの独立を求めるようになる。一五年八月にはウクライナの元大統領であったクラフチュク（初代）とユシチェンコ（第三代）が二人で、コンスタンティノープル総主教を訪問した。その結果、ウクライナ正教会が一応できたのだが、モスクワ総主教はこれを認めなかった。今回の戦争の見解は異なるとしても、ウクライナでは依然としてモスクワ総主教派が有力である。宗教史家の高橋沙奈美はこの状態を、「割れた洗礼盤」と呼ぶ。

CISをめぐる問題

第二章で述べたように、一九九一年一二月八日のベロヴェーシでの会議で、ソ連邦の崩壊とCIS（独立国家共同体）の創立が宣言された。CISの創立に関しては、旧ソ連の核戦略部隊の管理が最大の課題だった。このときの合意は、ベラルーシのベロヴェーシの森で会談が行われたことから「ベロヴェーシ合意」と呼ばれる。

ちなみにウクライナ侵攻後の二〇二二年三月に、ロシアとウクライナの和平交渉がこの地でまた行われたことは重要だ。つまりベラルーシのミンスクこそが、三兄弟国家の戦略的関係を決める場所ということである。二二年三月の和平交渉は、ロシア側は元文化相のウラジーミル・メジンスキー大統領補佐官、ウクライナ側はダビド・アラハミア最高会議（国会）議員率いる代表団により行われた。このメジンスキーは保守派の歴史家で、父はチョルノービリ（チェルノブイリ）原発事故の処理作業を行った軍人であった。

当時のロシアは外交において、「遠い外国（ソ連時代の外国）」と「近い外国（ソ連崩壊後に独立した国家）」を区別していた。とくに問題視していたのが、ウクライナとの関係である。ロシア＝ウクライナの関係は「起源を同じくする兄弟」なのか、それとも「離婚の文明的形態」であるのか。CISをめぐるソ連崩壊後の問題とは、つまるところロシアとウクライナとの関係にあった。事実、ソ連崩壊後のウクライナでは、大統領選挙においても親ロシア派と親欧米派とが常に対立してきた。一九九四年六月〜七月の選挙では、ウクライナ語も話せない東部軍産複合体出身のクチマに対してクレムリン、とくに旧ソ連のロシア語放送局を掌握するベレゾフスキーが支援を惜しまなかった。その見返りとして一九九八年、クチマはベレゾフスキーのCIS執行書記就任を、エリツィンの意向を無視して実行している。

もっとも、このことはプーチンに対して裏目に出た。二〇〇〇年の大統領選でプーチン候補を支援したベレゾフスキーは、プーチンが大統領になって間もなく解任された。これに抗して、彼はウクライナの反プーチン運動を、亡命先のロンドンから得意の資金力とメディアを活用して展開する。これがのちにオレンジ革命とも合流していく。

二〇〇三年にプーチン大統領がオリガルヒ批判を政策の中心にすると、クチマ政権を支えてきたオリガルヒのあいだに激震が走った。また、東ウクライナではドンバス生まれのタタール系炭鉱労働者の息子であったリナト・アフメトフが台頭してくる。

当時のプーチン・ロシアにとって最も好ましいのは、親ロシア組織「ウクライナの選択」の議長で、ウクライナのEU加盟反対派のヴィクトル・メドヴェドチュク、またはドネツク州出身で「地域党」のヴィクトル・ヤヌコビッチが指導的地位に就くことだった。しかし、そうした展開にはならなかった。

二〇〇四年のオレンジ革命

二〇〇四年のオレンジ革命とは、大統領選挙の結果に対する抗議活動、および民主化運動にまつわる一連の政変である。この名称は、選挙結果に抗議した反対派支持者たちが、オレンジ色をシンボルカラーとしたことにちなんでいた。西側寄り(親欧米)の銀行家ヴィクトル・ユシチェンコへの支持を掲げ、オレンジ色の旗や風船を手に広場へ押し寄せる人々の映像が印象に残っている方も少なくないだろう。

この大統領選挙では、ウクライナ西部を基盤とするユシチェンコと、東部を拠点とするヤヌコビッチとが衝突した。まず、第一回投票ではユシチェンコが三九・九％、ヤヌコビッチが三九・三％とほぼ拮抗する結果であった。続く決選投票ではヤヌコビッチが四九・五％で、四六・六％のユシチェンコに勝利する（一一月二〇日）。しかしこの決選投票の結果を、親欧米派が「不正選挙だ」と批判したことが、オレンジ革命の引き金となった。決選投票の結果を、街頭での抗議活動がひっくり返したのだが、憲法も想定していなかった事態である。

二〇〇四年一一月二五日、ユーリヤ・ティモシェンコら野党勢力は、「救国委員会」を設置し、街頭運動をさらに激化させた。ティモシェンコは、ロシアから天然ガスを輸入する会社の社長で、「ガスの女王」の異名で呼ばれた女性政治家だ。同年一二月二六日に二度目の決選投票が行われ、結局ユシチェンコが勝利する。こうして翌年一月、ユシチェンコは第三代大統領に就任した。

もっとも、このオレンジ革命には反動も伴った。ヤヌコビッチを支持するドネツク州知事らが、〇四年一一月二八日に南東ウクライナ共和国の形成を目指し、緊張が一気に高まったのである。同国内の東西対立という底流はこうして形作られていった。

ユシチェンコは実際の大統領としては期待外れであった。やがて二〇〇八年頃、今度は親欧米派が分裂をはじめる。ユシチェンコは盟友であり、オレンジ革命で自身を支持したティモシェンコと袂を分かつこととなった。

親欧米派が分裂するなかで行われた二〇一〇年の大統領選挙では、親ロシア派のヴィクトル・ヤヌコビッチが勝利した。第四代大統領に就任したヤヌコビッチは、EUとのあいだで進めてきた連合協定調印を拒否、代わりに黒海艦隊の共同管理体制を二〇一七年から二〇四二年まで延長するハリコフ合意を、当時のロシア大統領ドミトリー・メドベージェフと取り交わす。これが内外のNATO加盟派を刺激し、ヤヌコビッチ大統領を失脚させた一四年二月のマイダン革命へとつながっていく。

二〇一四年のマイダン革命

マイダンとは、広場を意味するペルシャ語由来の言葉だといわれる。マイダン革命が起こった二〇一四年はじめの政治変動の直接の経緯とは、以下のようなものであった。

二〇一三年末以降、キーウ市内のマイダン広場では、ヤヌコビッチ大統領に対する抗議運動が激化していた。EUとの連携協定よりも、ロシアとの結びつきを強化するという政府の決定に抗議したものである。

人権派から西ウクライナの民族急進派までが街頭に出て、暴徒化した一部の勢力により、死者が発生するという事態となった。それでもまだ、ウクライナ政府と反対派との対立は、二月二〇日前後までは憲法の枠内に収まっていた。ソチ五輪が終わりかけていた二月二一日には、ドイツ、フランス、ポーランドの外相らの保証により、ウクライナ憲法を改正することで衝突を収拾することに政府・反対派双方が同意している。

ところが二〇一四年二月二二日以降、警察と反対派双方による暴力の行使が頂点に達し、一〇〇名以上が亡くなる流血の惨事が起こった。武力紛争は、両立不可能な主張をする集団が衝突することで発生する。マイダン革命でも、ロシア側と欧米側とで認識や主張がぶつかった。ロシア側が、マイダン革命は正統政権を暴力で打倒したクーデターだといえば、西側は腐敗政権に対する民主化革命であり正当だと主張したのである。

なかでも二月二三日にかけ、騒乱の終結に不満な反政府系の右派セクターや「自由」など民族急進派、さらにネオ・ナチ勢力が組み、実力で権力奪取の行動に打って出た。この過程で暴力が行使され、大統領ヤヌコビッチは首都を脱出、政権は崩壊する。これが「マイダン革命(二〇一四年ウクライナ騒乱)」と呼ばれる事件であった。

このとき米国の国務次官補ビクトリア・ヌーランドは、ウクライナ米大使とあらかじめアルセニー・ヤツェニュク首相人事を想定して動いていたが、EUはこの動きに対して批判的であった。そのEUに対してヌーランドが、口にできないような言葉で罵ったということが暴露されている。

デモへの発砲により一〇〇名以上の犠牲者を出したが、この発砲の原因については政府側の機動隊の暴力に帰せられた。それに対し、マイダン裁判の記録や映像を検証したカナダの研究者イワン・カチャノフスキーは、死者の多くが革命支持派、とくにジョージア系スナイパー部隊によるものの可能性が高いと一連の論文で述べている。

この事件の裁判で右派勢力側は、一〇〇名以上殺害すれば政変になるとも証言している。BBCやドイツ公共放送など西側メディアでも、のちにそのような報道を行った。

こうした一連の事件は、米国による「偽旗作戦（自国の軍隊や市民が、他国やテロリストなどから武力攻撃を受けたかのように偽装して被害者であると主張すること）」であったという情報が公開されている。にもかかわらず、この事件に直接関わったはずの米国大使マイケル・マクフォールは、回想録でそのことについて一切触れていない。

マイダン革命・第二の顔

二〇一四年のマイダン革命には、いくつかの顔があった。第一の顔は、腐敗したオリガルヒ主導体制という宿痾《しゅくあ》に対する国民の不満だ。独立後のウクライナは、政治的・経済的な面で混乱も疲弊もしていた。経済的には、むしろソ連期の方が潤っていた。

マイダン革命前後のウクライナの一人当たりGDPは、隣国ポーランドの三分の一、ベラルーシの半分にまで低下した。現在もウクライナのGDPは、EUの最貧国ブルガリアの半分以下となっている。こうした経済の停滞は政権への反発・抵抗の呼び水となった。

マイダン革命の第二の顔は、ウクライナ民族主義である。ウクライナ民族主義については、二〇一四年にロシア正教会のキリル総主教が「危機の根源に、一六世紀の宗教分裂が絡んでいる」と述べた。これは、一五九五年のブレスト合同宣言により、カトリック教会とウクライナ正教会との合同教会が成立したことがモスクワの保守派を刺激し、いわゆる教会分裂（ラスコル）を起こしたことを指している。東方典礼カトリック教会（ユニエイト）が「聖なるルーシ」を分裂させたとする、ロシア正教側の主張である。

二〇一四年のマイダン革命によりヤヌコビッチ大統領が逃亡したとして、最高会議でアレクサンドル・トゥルチノフが暫定大統領となった。二月二三日、トゥルチノフはロシア語を公用語扱いする法律を無効として言語戦争に火をつけるが、実権は米国が祝福したヤツェニュク首相と極右派が握った。そして同年五月二五日の大統領選に勝利したオリガルヒのポロシェンコが、第五代大統領に就任する。

極右派が政権入りしたことで、東部ロシア語話者地域の住民は猛反発を起こした。一部は州政府や議会を占拠したり武装反乱を起こしたりした。これらを目撃したスイス軍の情報将校によると、ロシア軍は二〇一四年四月二三日までウクライナに入らなかったという。暴力の応酬は双方で生じたが、五月初めにはオデーサの労働組合会館で抗議するロシア系住民が、マイダン革命派によって焼殺されるという事件も起きた。

こうしたなか、ロシア系住民が圧倒的多数のクリミア半島では、ハリコフ合意が意義を失ったとして、ロシア政府支持派が当初は自治州の独立、さらに三月に入るとロシア編入を目指すようになった。

この間、ハイブリッド戦争と言われた情報工作が双方で激しくなった。ロシアとウクライナとが共同管理してきたセバストポリ軍港に駐留する黒海艦隊では、ロシア側の高い年金が誘因となり、ウクライナ海軍の多数派がロシア側に帰順、少数派が丸腰で首都に戻った。最終的には一四年三月一六日に行われた住民投票により、クリミア半島のロシア連邦への編入手続きが三月一八日に成立した。クリミア・タタール系はボイコットしたものの、九七％近い編入支持であった。もっとも国際社会は、これを併合として反発、ロシアはＧ８から追放された。

ＮＡＴＯ加盟

ロシアによるクリミア併合以前にも、ウクライナのＮＡＴＯ加盟をめぐる問題は存在した。一九九四年、ウクライナはＮＡＴＯを中心とした「平和のためのパートナーシップ」に加盟した。それから三年後の九七年にはロシアも同調して、クチマ政権がＮＡＴＯ・ウクライナ委員会を設立するなどロシアとの関係を強化してきた。

その一方で、ウクライナは非同盟の立場からNATOへの加盟を見送ってきたが、米国の立場変更もあり、ポロシェンコ政権は非同盟方針を改め、NATO加盟を推し進めていく。これに対し、ロシアが猛反発したのである。これがクリミア併合や、東部ドンバス地方での反乱の引き金となった。

このようにウクライナの内部対立が「東西の激突」というかたちで表面化したのが、二〇一四年のマイダン革命、およびクリミア併合であった。こうして「二つのウクライナ」が周期的に衝突を繰り返すなか、ウクライナでは国民としての統一がより遠のくという逆説が起こった。七月にはマレーシア航空機撃墜という悲劇も起き、被害者の多かったオランダなどの世論を大きく変えた。マイダン革命は、ウクライナの内政はもちろん、ロシアとウクライナの関係、さらにそれらをめぐる冷戦後の国際政治全般に多大な影響を与えたのである。

「ロシア世界＝ルスキー・ミール」崩壊からミンスク合意へ

プーチンの東ウクライナ政策の中心概念の一つに、「ロシア世界＝ルスキー・ミール」があることは先に述べた。「ロシア世界」とはかつての「近い外国（ソ連崩壊後に独立した国家）」を再統合し、ロシア語話者などの同胞を擁護するという観念である。プーチンが「ロシア世界」、とくにウクライナとの絆を主張するとき、その柱となるのは「正教」である。しかし西ウクライナから見れば、この主張は単なる併合の正当化でしかない。

事実、ソ連崩壊前から共産主義批判の急先鋒であったロシアの評論家アレクサンドル・ツイプコは、プーチンの「ロシア世界」という概念を厳しく批判している。彼は「ロシアのクリミア併合こそが、ルスキー・ミール（ここでは『ロシアの平和』を意味する。『ミール』という言葉には『世界』と『平和』双方の意味がある）の一体性と安定を破った」という。彼に言わせれば、バンデラ派が登場したのも三九年の東ガリツィア併合というスターリンの政策的過誤がもたらしたものだ。それでも二〇一四年九月、ウクライナとロシアとは東部ドンバス地方における紛争の解決方法として、ミンスク議定書（ミンスク合意I）を交わした。このアイデアは、同年六月に米国のキッシンジャー研究所とロシアのシンクタンクの研究者が、フィンランドで意見交換したロードマップに依拠したものだ。その直後に、ウクライナ東部のイロバイスクでロシア軍とウクライナ軍とが激突し、後者の大敗を受けてミンスク合意が取り交わされた。このときウクライナ軍の敗北をめぐるポロシェンコ大統領の無策ぶりを、当時売り出し中のウォロディミル・ゼレンスキーという俳優が痛烈に批判していた。

繰り返しになるが、ミンスク合意とはウクライナとロシアによる和平合意で、ウクライナ東部における即時停戦と重火器撤去、さらにウクライナの憲法を改正し、ドンバス地方（ドネツク州、ルガンスク州）に特別な法的地位を与えることを規定したものである。欧州安全保障協力機構（ＯＳＣＥ）の援助の下、ベラルーシの首都ミンスクで調印されたので「ミンスク合意」と呼ばれている。このＯＳＣＥとは、デタント（緊張緩和）期のヘルシンキ協定に起源を持つヨーロッパ、中央アジア、北米の諸国で構成される安全保障機構で、一九九五年に前身となる組織「ＣＳＣＥ（欧州安全保障協力会議）」から現体制へ改組・改称された。欧州での地域的集団安全保障なので敵味方の区別はなく、同機構にはロシアもウクライナも加入している。

さらに二〇一五年二月には、ミンスク合意Ⅱが締結された。ミンスク合意Ⅱとは同じくＯＳＣＥ監督の下で結ばれた停戦協定だが、こちらはフランスとドイツが国際的に仲介しており、同年二月にデバリツェボの戦闘でウクライナ側が敗北した後に締結された。これにより和平に向けた道筋が示されたかに見えた。

このときオバマ大統領も、マイダン革命における米政府の関与をＣＮＮのインタビューで認めている。ロシアのクリミア併合は事前に準備されたというよりも、即興的対応だったと語ったのである。その後、米国でトランプ政権が誕生するのと前後し、一部でミンスク合意を促進する気運も生まれた。ウクライナ初代大統領を務めたクラフチュク自身も、「クリミアは固有の領土ではない」と発言している。

ところが、ポロシェンコ政権が二〇一九年二月にＮＡＴＯ加盟の方針を憲法に書き込んだことから、「国是としての中立」と「ＮＡＴＯ拡大の論理」とが正面衝突していく。これは次の大統領選挙の争点ともなった。

二〇一九年に行われた大統領選挙で、ポロシェンコ政権は敗北した。元コメディアンで俳優のウォロディミル・ゼレンスキーが、対ロ和平を掲げることで東部・西部双方から支持を受けて圧勝、同年五月に第六代大統領に就任する。

就任当初のゼレンスキーは、ミンスク合意Ⅱの和平案を促進するかと思われた。ところが二〇一九年末には対ロ強硬派の主導により、ゼレンスキーはNATO早期加盟へと態度を豹変させる。その背景には民族右派やネオ・ナチの圧力に加え、大統領の人気低下もあった。

プーチンは人殺しである

米国を代表するロシア政治学者アンジェラ・ステントは、今回の戦争の原因を時期的には二〇二一年三月に求めている。ちょうどバイデン大統領が、プーチンを批判して政治犯となったロシアの弁護士で人権活動家のアレクセイ・ナワリヌイをめぐって、「プーチンは人殺しである」と示唆した時期であった。

アンジェラ・ステントは米外交誌の論文において、ウクライナ軍がトルコから提供された軍用ドローンを使い、ミンスク合意Ⅱの対象であった二つの共和国（ドネツク人民共和国、ルガンスク人民共和国）を攻撃することで、ウクライナ軍がNATO加盟を加速したと指摘した。実際、四月三日にウクライナ軍はツイッターで、NATO加盟国と軍事演習を行い、「敵対隣国に侵略された国境と領土を回復するための、防衛的行動と攻撃的行動を策定する」と述べている。この攻撃に素早く反応したプーチンは、一〇万人前後のロシア軍を動員し、圧力をかけた。このときの紛争はNATO側が情報を開示していないので詳細は不明だが、トルコが重要な役割を演じ、二つの共和国へドローンなどを使った攻勢を仕掛けたという。そうでなくとも、ゼレンスキーやドミトロ・クレバ外相のNATO加盟への急展開は、この時期顕著であった。

危機が収まろうと世界は元には戻らない

二〇二一年八月、米国防総省は「アフガニスタンからの米軍撤退が完了した」と発表した。この撤退作戦自体はその杜撰さでスキャンダルを呼んだが、それでも米国にとって最長となった二〇年戦争が終結したことにより、ウクライナでの戦闘停止に向け、新たな合意案の作成に向かうかと思われた。

一方、同年九月にはゼレンスキーとバイデン両大統領による首脳会談が行われたが、米国はウクライナのNATO早期加盟を否定した。もっともブリンケン米国務長官、オースチン米国防長官といった米政府高官は、NATO事務総長のイェンス・ストルテンベルグと同様、この秋ウクライナのNATO加盟やパートナー関係を促進する発言を繰り返していた。事実上、親英米系の顧問団がウクライナ軍や一〇万を占める私兵組織を内務省軍に再編成したうえ、NATO軍流の教練を実施していた。

この頃、プーチン大統領は国際諮問機関バルダイ・クラブで「穏健保守主義」という発言を繰り返し、米ロの枠を踏み越えないようにしていた。もっとも一一月に密使としてプーチンと会話したCIA長官でウクライナのNATO加盟懐疑派であるウィリアム・バーンズは、プーチンがウクライナへの軍事侵攻も辞さない態度であることを、EUとバイデン大統領に報告している。

さらに二一年一二月に、プーチン大統領はバイデン米大統領と二度の米ロ首脳オンライン会談を行った。この会談でバイデン大統領は、「ウクライナのNATO加盟は遠くなった。かといってウクライナ国境に再び結集し始めたロシア軍が侵攻し始めたら、米国は経済制裁措置で臨む」とあらかじめ軍事侵攻に釘を刺した。もっともバイデン大統領は、「米国として国益がなく、米兵は一人も送らない」とも発言している。

一二月に行われた米ロ首脳オンライン会談におけるプーチンの目的とは、何だったのか。それは、ウクライナ東部の紛争を終結させる「ミンスク合意」を履行させるため、仲介者をドイツ・フランスから米国へ移すことであった。いわば、ミンスク合意Ⅲを国際条約化することだったのだ。

しかし、「ウクライナのNATO加盟は、レッド・ラインだ」とし、一九九七年以前への復帰を主張するプーチンと米国・NATOとの溝は、一二月の正式の条約交渉を通じても埋まらなかった。米国政府の閣内不一致ともいえる煮え切らない態度、NATO内部の対立、独仏のゼレンスキーへの不信が渦巻いていた。

そして二〇二二年一月二七日、バイデン米大統領はロシアの軍事侵攻が近いことをゼレンスキー大統領に伝えている。しかし、ゼレンスキーはバイデンの警告を信用していなかった。こうした態度から疑心暗鬼が強まるなか、米国は二二年二月一四日に大使館をキーウからリビウへ移転させた。キーウを明け渡すかのような行動だった。

その後、二月一九日のミュンヘンで行われた安全保障会議において、四面楚歌に陥ったゼレンスキー大統領は核兵器保有をほのめかし、プーチンを刺激する。「ウクライナの中立と非核化、領土保全を合意したブダペスト覚書は失効した」と発言したのだ。

プーチンは二月二一日の安全保障会議の席で、外交交渉の継続を訴えるナルィシキン対外情報庁長官やニコライ・パトルシェフ安全保障会議書記の訴えを退けた。議会もまた、いち早く二共和国の独立を承認する。東ウクライナへの侵攻を勧める共産党の立場へ移行し、統一ロシア党もそれに従った。慎重論を唱えた「新しい人々」派は少数だった。こうして米ロ交渉は挫折し、二二年二月二四日からのウクライナ侵攻へと進んでいく。

なおこの過程において、モスクワの世論でも侵攻批判が野党系メディアなどで行われた。このとき最も注目を浴びたのが、最後のリベラル派メディアというべき「モスクワのこだま」でプーチンの外交を強く批判し、反戦とプーチンの退陣を強く訴えたレオニード・イワショフ将軍だ。彼はソ連崩壊時にドミトリー・ヤゾフ元帥と近かった、NATOの専門家でタカ派の退役大将である。一九世紀の反政府派デカブリストの血を引く硬骨の士は、一月末に訴えをネットで行った。しかしその後、彼の所属するロシア将校連合自体は、特別軍事作戦ではなくNATOとの本格戦争を強く主張している。

ウクライナの「脱露入欧」がもたらす問題

ここまで見てきたように、ロシアとウクライナの関係は、二重にも三重にもねじれた複雑な問題を抱え込んできた。そしてマイダン革命は、「二つのウクライナ」の亀裂をさらに鮮明にした。ミンスク合意I以降、ウクライナの国家意思は明確に「脱露入欧」となったのは間違いない。しかし現実のウクライナはEU加盟どころか、経済的な面からして連携協定すら絶望的であった。

今回の戦争中の二二年六月、EUはウクライナを加盟候補国として承認したが、現実問題として戦争終結後少なくとも五年は手続きに時間を要するだろう。さらにNATO加盟に至っては、天然ガスの輸入でおよそ五五％をロシアに依存するドイツをはじめ、ロシアとの関係悪化を恐れる周辺諸国は総じて消極的だった。

ミンスク合意Ⅱの交渉不履行から、仏独はゼレンスキー政権に対して批判的ですらあった。ローマ教皇フランシスコは、二二年六月に公表した仲介を目指すインタビューで、米国のＮＡＴＯ加盟に関する態度を問題視し、バイデン政権の術策にはまった可能性を指摘している。

この間隙を突くように、ロシアは「ノルド・ストリーム」を通じてドイツへの揺さぶりをかける。「ノルド・ストリーム」とは、ロシアとドイツをバルト海経由でつなぐ海底天然ガスパイプライン・システムだ。「ノルド・ストリームⅠ」に続いて「ノルド・ストリームⅡ」を完成させたロシアは、アンゲラ・メルケル独政権や中欧へのガス供給による政経分離を期待し、投資を重ねてきた。そうでなくとも一九六九年の西独ヴィリー・ブラント社民党政権による東方外交以来、西ドイツではロシアとの相互依存が東西統一を促したと考えられてきた。

石油パイプラインが、ゴルバチョフの冷戦終結とドイツ統一を促した。実際、二一世紀にもドイツ社民党のゲアハルト・シュレーダーらは、米国のネオコンに対してこの議論を主張した。ドイツのメルケル首相やオーストリア政府は、この相互依存によってプーチンの軍事侵攻に抑制が利くことを期待した。だが実際に戦争が差し迫った二月二二日、社民党のオラフ・ショルツ首相はノルド・ストリームⅡの承認作業を停止している。

二二年二月初め、ロシアとの対話派であるキッシンジャー系シンクタンクと世界経済国際関係研究所（ＩＭＥＭＯ）の学者は、「ミンスク合意からヘルシンキⅡへ」という楽観的シナリオを、米国の『ポリティコ』紙に投稿していた。しかし、このときロシアによるウクライナ侵攻は、すでに秒読み段階に入っていた。

パンドラの箱が開いてしまった

二〇二二年二月二四日から始まるロシアによるウクライナへの軍事侵攻は、短期決戦で終結するとプーチン周辺は期待したが、これはまったくの誤解に基づく計画だった。非軍事化のためのインフラ破壊を目指したミサイル攻撃は、モデルにした米国のイラク攻撃とは違って中途半端で、しかも不正確だった。このため東ウクライナのロシア語話者をも敵に回してしまった。

三月初めには米ロともに大統領教書演説が予定されていたが、本格的な戦争へと発展したことにより、バイデン大統領はロシアの軍事侵攻に対し最大限の批判を行った。ロシアはミンスク合意Ⅲという東部二州の停戦協定を目指したはずであったが、キーウやハルキウへの大失敗となった都市攻撃、さらにはウクライナの原発施設にまで攻撃は及んでいる。

国連常任理事国が核兵器の行使を示唆するなどとは、国際世論への挑戦としか思えない。こうしてパンドラの箱が開いてしまったが、この混沌はどう収束させるのか。

第四章　プーチンの素顔

プーチンは「強権的な指導者」か？

ウクライナへの侵攻を決定したプーチン大統領は、今回の軍事侵攻の目的は独立を宣言したドネツク・ルガンスクの二共和国の要請に応じた「特別軍事作戦」であると当初語っていた。ウクライナの軍事占領が目的ではなく、自国の安全のため、ウクライナの「非軍事化」「非ナチ化」を確実なものとし、その上でウクライナをソ連崩壊時の国是である「中立」に戻すためだという。このプーチンの発言を言葉通りに受け取るわけにはいかないが、中立自体はゼレンスキー大統領も開戦前後に交渉の用意があると述べていた。「戦争とは、他の手段をもってする政治の延長」と言ったのは、ドイツの著名な軍人クラウゼビッツであったが、今回も戦争と交渉とはつながっている。

もっとも、この戦争でのキーウとモスクワ双方の接近法には大きな違いがあった。西側とウクライナ側とは世界の情報ネットワークを舞台とする情報戦を得意としたのに対し、ロシア側は戦場での勝利にひたすらこだわった。しかもプーチンは、二月半ばに課題とした二共和国問題に加え、首都キーウや東部の大都市、さらには核施設にまで戦線を拡大し、世界を驚かせた。

他方、米国のバイデン大統領は核戦争の危険を理由として、ウクライナへの直接的な軍事関与を早々に控えている。ロシア軍と直接衝突する可能性の高いウクライナ上空の飛行禁止区域の設定を否定し、ロシアとの核戦争に発展しない範囲での支援、さらに得意の経済制裁を最優先したのである。西側の結束には、日本の岸田文雄政権も同調した。

ウクライナへの軍事侵攻に核兵器の行使までちらつかせるプーチン大統領の行動は、欧米のみならず日本を含めたアジア、いや全世界・全人類を「チキンゲーム」へと巻き込もうとしたかに思われた。この間、欧米各国や日本はロシアに対して、経済制裁を主たる武器として対抗してきた。それは従来の北朝鮮やイランに対する制裁を超え、史上最大の規模となった。なによりロシアのエネルギーを金融制裁の対象としたことで、一九七〇年代のエネルギー危機以来、世界最大の商品となった石油やガスを、基軸通貨の威信をかけてでも統制することが米国など西側の課題となった。エネルギー輸出国はともかく、多くのエネルギー資源をロシアからの天然ガスに頼ってきたドイツなど欧州にとっては、耐えがたい試練となりだしている。

中国、インドなど一部の有力国は制裁には慎重であったが、G７などの先進国は今回のロシアによる軍事侵攻を厳しく非難した。自由主義世界のメディアはプーチン大統領を、専制的で強権的な指導者と報じ続けている。

二〇二二年三月二六日、バイデン大統領はポーランドで「戦争犯罪者プーチンの除去こそが戦争目的だ」と踏み込んだ発言をした。もっとも米国政府は慌てて、「米国の政治目的ではない」と軌道修正している。

米国防総省のジョン・カービー報道官が四月二九日の記者会見で、「(プーチン大統領は)無実の人々に対して邪悪な行為をもたらしている」と言葉をつまらせながら糾弾したことは記憶に新しい。世界の情報ネットワークを行使した情報戦で、ロシアは完敗したに等しかった。

最初の犠牲者は真実

かつて英国の首相を務めたウィンストン・チャーチルは、「戦争で最初に犠牲となるのは真実」という言葉を残している。今回の戦争では、米国の戦争研究所が発信する情報が世界のメディアで広く使われたが、この研究所は著名なネオコンのケーガン一族が運営している。彼らの提供する情報がどの程度真実であったかは、将来の歴史家の研究対象となろう。

よく見ると双方の情報戦も矛盾だらけであった。事実、ロシア国防省による記者会見の数字を信じれば、ウクライナ軍はほとんど完敗となっている。ただ、ウクライナ軍の動きは、NATO側でも不明のようだ。

それにしても、世界中から激しく非難されるプーチンという人物は、一体どのような人間なのだろうか。これまで筆者は、日露賢人会議やバルダイ・クラブなどに出席し、プーチン大統領と幾度となく直接対面してきた。その経験から「素顔のプーチン」について、筆者が感じた印象なども交えながら論じて行く。

知られていない「プーチンの実像」

米経済誌『フォーブス』が毎年発表している「世界で最も影響力のある人物」ランキングで、プーチン大統領は二〇一三年から四年連続で首位に立った。二〇〇九年にノーベル平和賞を受賞した米国のバラク・オバマ元大統領や、習近平・中国国家主席、メルケル元独首相などを抑えてのこの評価は、ここ一〇年以上の国際政治がプーチンの言動を軸として動いていたことの証といえる。だが日本では、先日亡くなった安倍晋三元首相との親しい関係や、道着姿で柔道に打ち込む様子などは伝えられているが、その肉声や素顔、哲学はあまり届けられていない。

本章では彼の「素顔」を伝えるとともに、プーチンの政治思想や経済観・宗教観について迫ってみたい。そうすることで、プーチン・ロシアが現在進めているウクライナへの軍事侵攻や対NATO、アジア戦略、CISとの関係、さらには今後の安全保障体制について考える手がかりになればと期待する。とくに筆者がプーチンという人物を読み解くのに重要だと考える宗教観や「古儀式派」についても強調したい。

プーチンとの会話

筆者がプーチン大統領に初めて会ったのは、二〇〇五年にクレムリンを訪問したときだった。小泉純一郎政権が作った「日露賢人会議」の日本側委員として、ロシアを訪れたのである。

プーチンはこの頃から、年に一度「バルダイ・クラブ」という国際会議を開いていた。バルダイ・クラブは、各国の学者や専門家たちを招いて意見交換をする場である。フランスを代表するロシア学者のエレーヌ・カレール＝ダンコースやハーバード大学のマーシャル・ゴールドマンなど、国外からも毎回五〇名ほどの学者やジャーナリスト、元外交官が参加者していた。もっとも当初のメンバーは欧米関係が多く、アジアの枠は一〇名程度であった。日本人は毎年一～二名が招待され、筆者も十数回参加している。

なかでも記憶に残っているのは、二〇〇七年九月にソチで開催されたバルダイ・クラブだ。そのときは黒海沿岸にあるプーチン大統領の別荘が、会場として利用された。

保養地として知られるソチは、二〇一四年に冬季五輪が開催された場所である。筆者は会談後、プーチン大統領と黒海を見下ろすデッキに並び立ち、いくつかの個人的な会話を交わすことに成功した。それ以前にも挨拶を交わしたことはあるが、会話をしたのはこのときが初めてであった。

筆者はプーチンに対し、「北東アジアにおける六者協議が、将来の東アジアの安全保障になるか」という質問をした。六者協議とは、北朝鮮の核問題の解決について、関係各国の担当者が直接協議を行う会議であった。中国が議長を務め、北朝鮮、韓国、米国、日本、ロシアが参加した。二〇〇三年にはじまり、〇五年に北朝鮮の核兵器放棄を盛り込んだ共同声明を採択したが、〇八年一二月を最後に開かれていない。

このときの面会でとくに印象に残っているのは、プーチンの目線の高さが筆者とほとんど同じ、小柄だが気さくな人物ということだ。世界最高級の権力者というイメージとはほど遠い雰囲気で、意外に感じた。またロシア人というとアルコールのイメージが強いが、少なくともバルダイ・クラブの会食の場で、プーチンがワインなどに口をつけるところを一度も見たことがない。ちなみに古儀式派出身のエリツィン大統領は、酒こそ過分に好んだが、たばこは同伴者にも厳禁という姿勢を見せていた。プーチン大統領には、「人前で隙を見せるようなことを好まない」という印象を抱いた。

このバルダイ・クラブには国籍・宗教はもとより、政治的思想においても多種多様な人たちが参加していた。ハト派・タカ派、職業の区別もなく、それぞれがロシアについて抱えた問題をプーチン大統領に投げかけるが、彼はそれらの質問に対し、メモや報道官を見ることもなくすべてに応対した。

そうしたプーチンの饒舌な姿は、ロシアのテレビ番組でも観ることができる。以前、国民と対話する形式の生放送番組に出演した際、プーチンは四時間以上もアドリブで応答しながら利益誘導的なパフォーマンスを披露していた。そうした当意即妙な受け答えができるところが、強権的・専制的と言われながらも国内で高い人気を誇っている秘訣なのだろう。

わずか一〇年ほどで政界トップに上り詰める

プーチンは、一九五二年一〇月七日、レニングラード（現在のサンクトペテルブルク）で生まれた。第二次世界大戦時、レニングラードはドイツ国防軍におよそ九〇〇日にわたって包囲され、一〇〇万人以上の市民が餓死した。プーチンの兄も、このときに亡くなっている。ソ連崩壊の一九九一年に行われた住民投票により、ロシア帝国時代の名称であるサンクトペテルブルクに戻った。

プーチンはレニングラード大学法学部を卒業後、デタント（緊張緩和）時代の一九七五年にKGBの職員として採用される。当時のKGB議長ユーリ・アンドロポフが、この秘密組織を多少は米CIAのような情報機関にした。彼の補佐官たちはタガンカ劇場のような前衛劇場のパトロンにもなっており、ソ連の言論空間では相対的にリベラルともいえた。戦前の日本の内務省に似ていなくもなかった。

念願のKGBエージェントとなったプーチンは、旧東ドイツ・ドレスデンで情報将校として活躍した。KGBの前身は、ロシア革命時にフェリックス・ジェルジンスキーが作った革命防衛隊チェーカーだ。ジェルジンスキーは帝政ロシアの一部となったポーランドの貴族で、カトリック教徒のエリート集団、イエズス会出身と言われている。若い頃、ヴォルガ川沿岸の古儀式派の村に流刑となり、ヴャチェスラフ・モロトフの母方の企業家宅に寄留したことがある。

スターリン亡き後のKGBは、形式的には政府の機関となっていたが、実際は共産党直属の組織だった。ちなみにKGBの議長を長く務め、駐ハンガリー人民共和国ソ連大使も歴任したアンドロポフは、ブレジネフ書記長と同じアパートに住んでいた。

冷戦が終わりKGBを退職したプーチンは、恩師である急進改革派の政治家でサンクトペテルブルク市長のアナトリー・サプチャークの要請により、副市長として国際担当に転身する。一九九二年五月にサンクトペテルブルク市副市長に任命されるが、九六年八月にサプチャークが市長選挙に敗北するのにともなって辞職する。その後、プーチンは幸運にもロシア大統領府総務局次長としてモスクワへ移っている。「ウクライナがCISから離れるなら、一九二二年の連邦条約は無効となるから、ドンバス地方など東南ウクライナの帰属問題が生じる」というプーチンの今回の方針は、サプチャークの持論だ。

以降、三年の内にロシア大統領府副長官兼監督総局長、KGBの後身である連邦保安庁（FSB）長官、安保会議書記などを経て、一九九九年八月にエリツィンの指名でロシア首相に就任、その年末には大統領代行となった。二〇〇〇年には大統領に就任し、以後ロシアのトップとして現在も実権を掌握し続けている。

プーチン一族の出自

最も興味深いのは、プーチンのルーツである。一般的な経歴では紹介されることのないプーチン一族の出自について、ここで説明してみよう。プーチンの祖先は、モスクワ郊外の都市トゥベーリの農民で、帝都サンクトペテルブルクへは出稼ぎ農として上京したという。これはプーチン自身も、二〇一四年のバルダイ・クラブで明らかにしており、この事実を裏付けるかのように、トゥベーリの教会には庶民だったプーチン家に関する一七世紀の記録が残っている。なおロシアの北西部、ヴォルガ川沿岸にある都市トゥベーリは、「モスクワへの扉(ドゥベーリ)」とも呼ばれていた。

遠縁にあたるアレクサンドル・プーチンという人物の著書『大統領プーチンの一族』(二〇一三年)によると、プーチン大統領の祖先は一六四九年にポミノボ村に生まれた農民、ファディ・ヤキモビッチという人物であった。プーチン大統領自身は、レニングラードの労働者階級の家庭に生まれた。若かりし頃はやや不良っぽく、サンボという格闘技で鍛え、ドイツ語を学んでいた。レニングラード大学に在籍していた頃、柔道大会で優勝したという経験も持つ。

東ドイツ・ドレスデンに赴任したのは一九八五年からだが、このときは六名からなる諜報グループの一員として勤務していた。当時の同僚セルゲイ・チェメゾフは、現在は軍需産業のボスとなっているが、在外の批判的メディア「メドゥーザ」によると、意外なことにいまでもハト派だという。それはともかく、プーチンが最初の選挙活動の際に出した小冊子『第一人称で』によると、ドレスデン時代の主な任務はNATO対策であったことが明かされている。

レーニンのコックをしていた祖父

プーチンの出自のなかでとりわけ興味を持ったのが、プーチン大統領の祖父にあたるスピリドン・プーチンという人物だ。祖父は革命前、サンクトペテルブルクの名門ホテル「アストリア」でコックをしていた。このホテルは一九一二年の創業以来、多くの著名人に愛され続けた。このホテルのレストランでしばしば食事をしていたのが、ロシア革命前にロマノフ王朝を引っ掻き回したことで歴史に名を残す「怪僧」グリゴリー・ラスプーチンである。

ニコライ二世の息子の白血病を治療したことをきっかけに、皇后アレクサンドラに取り入ったラスプーチンは、宮廷内で絶大な権力をふるった。このシベリア出身の異端的修道僧は、ロシア帝国崩壊の一因をつくったことで知られている。鞭身派《べんしんは》に属していたが、同派は「神の赦しを得るため、自ら鞭打つ必要がある」と説く異端的教派の一つだ。

もっともラスプーチンは、第一次世界大戦中に親ドイツ派と結んで講和を図ろうとしたことから、一九一六年に反対派の貴族フェリックス・ユスーポフらによって暗殺された。ちなみにラスプーチンの一族は、不名誉な名前を忌避して革命後はプーチン姓に改称したとされる。

プーチンの祖父は一九二〇年代初めに、モスクワ郊外で暮らしていたレーニンにコックとして雇われた。一九一七年の革命を成功させ、旧ソ連の土台をつくった初代首相レーニンだが、彼は翌年左派エスエルのテロにあって以降、郊外にある古儀式派の村で暮らしていた。

二〇年代初め、レーニンが住んでいたモスクワ郊外のレーニンスキエ・ゴルキにある邸宅は、古儀式派の大富豪でレーニンにも献金したサッバ・モロゾフ一族の別荘であった。この祖父は一九六五年に亡くなっている。

プーチンの父母や兄姉についても触れておくと、プーチンの父であるウラジーミル・スピリドノビッチは、一九一一年にサンクトペテルブルクで生まれた。共産党員だった父は、一九四一年に大祖国戦争へも参加している。復員後は車両工場で働き、職場の共産党の役職にも就いた。息子であるプーチンが首相になる一週間前の一九九九年、八八歳で亡くなっている。

母マリア・イワノブナは、プーチンの父と同じく一九一一年にトゥベーリ近郊の農家に生まれた。信仰心の厚いロシア正教徒で、党員の父には黙って洗礼させたという。そこに革命体制下であっても宗教が生き延びた理由がある。その母は一九九七年、八六歳まで存命だった。

一方、プーチンの兄姉にあたる人物は、大祖国戦争がはじまった翌年の一九四二年に相次いで亡くなっている。大祖国戦争という苛烈な状況下のなか、共同墓地に葬られた。

ちなみに、二〇一五年の戦勝七〇周年に際し、赤の広場で行われた「不死の連隊」という記念行事において、プーチン大統領は墓の行方も知れぬ兄の写真をかざして行進した。

「古儀式派」とのつながり

BBCのジャーナリスト、フィリップ・ショートの『プーチン伝』（未邦訳）によると、プーチン自身の信仰については「九〇年代は目立たないが、大統領になる以前からチーホン（本名シェフクノフ）府主教に個人的に帰依していた」という。

プーチン大統領が、古儀式派を含めた東方正教に強い関心を持っていることは間違いない。それは二〇一四年に、ドミトリー・ペスコフ報道官へ、「古儀式派が生まれたのは、いつか」との質問を投げかけたことからも明らかだ。ペスコフは答えられなかったというが、プーチンの保守主義への傾斜と一致する。なにより初期ロシア・ソビエト権力のトップで、国家元首となったミハイル・カリーニンも、この地の古儀式派出身の革命家だった。

筆者がここで言いたいのは、プーチンの語る「保守主義」とは、「歴史や伝統、文化、そして宗教に深く根ざし、そこから練り上げられたものである」ということだ。

プーチンに限らず、ペレストロイカ以降のロシアではKGB関係者も含め、正教への傾斜など保守的志向が根づいていた。エリツィン期に抱いていた西欧化の夢が消え、ロシアの主要政党がこぞって保守主義を語りはじめたのである。ある意味、「革命」による不安定さよりも、

「保守」という宗教的・文化的な伝統への回帰による安定を目指したといえる。

しかし、なぜソ連時代に無神論を体現したロシアが、一転して保守主義・宗教的伝統主義を自認するようになったのか。少なくとも一九九〇年代は、欧米に倣った市場と民主化を目指したのではないか。それとも我々のロシア理解に、何か「見えない次元」があったということだろうか。

ソ連という国家は宗教、とくに神という価値を原理的に否定する無神論国家であると長く信じられてきた。この間のロシアのような「無神論から伝統的宗教への回帰」といった変容には、説明が必要となろう。

ソ連崩壊後「脱世俗化」の時代へ

筆者が初めてロシア（ソ連）へ留学したのは一九七〇年代半ばであるが、当時、教会や信仰が事実上黙認され、先進的知識人に広がっていることに驚いたのを覚えている。ロシアは存外、保守的で伝統的な社会なのではないか。このような疑問が、とくにペレストロイカで目まぐるしく変化する時代に、筆者のなかで広がっていった。

「ルーシ国家が、キリスト教を受洗してから一〇〇〇年」という一九八八年は、ペレストロイカからソ連崩壊へと潮目が変わる転機でもあった。ゴルバチョフは布教の自由を許可しており、保守的なウクライナでも独立運動が始まった。それから三年後の九一年、ソ連は誰も予想しないかたちで崩壊する。

「世俗化は歴史の運命」といったのは、二〇世紀初頭の社会学者マックス・ウェーバーであったが、ソ連崩壊後の旧社会主義国では、ドイツの政治学者ユルゲン・ハーバーマスが指摘したように、これとは正反対の「脱世俗化」が時代の趨勢となっていった。とりわけプーチンのロシアでは、このような保守的傾向がますます強まっている。

レーニンは無神論者であったとされるが、そのレーニンが亡くなったとき、なぜあたかも「神」であるかのように、赤の広場にレーニン廟をつくったのか。それは共産党権力が「建神論」によって宗教を政治権力のために利用しようとしたからであった。建神論とは、日露戦争後の寛容令でロシアでも宗教が一定程度自由化されたとき「プロレタリアの神」をつくることで宗教との接点を持とうとした左派の発想である。

この考えはソ連時代にも受け継がれ、革命政権の初代文部大臣で文筆家でもあったアナトリー・ルナチャルスキーや、当時レーニンと対立した左派の文豪マクシム・ゴーリキーらも支持していた。

古儀式派がロシア古層の保守を意味するというのは、一七世紀にカトリックとの合同を拒否した伝統主義に基づいている。当時、モスクワでも保守的であった人々が、ロシア帝国ピョートル大帝のような「西欧化」や「上からの革命」を拒否した。同じ正教でも「赤いルーシ」のガリツィア地方における東方典礼カトリック教会と、ドネツク州など「小ルーシ」のコサック系古儀式派とでは、政治・宗教のベクトルが正反対であった。

ちなみに欧米の一部で「プーチンはファシストである」という言説が、とりわけマイダン革命を支持した北米の知識人から提起されるが、イェール大学のティモシー・スナイダーは著書『自由なき世界』（慶應義塾大学出版会）のなかで、プーチンのファシズムとは、二〇世紀の思想家イヴァン・イリイン流のキリスト教全体主義、歴史家レフ・グミリョフのユーラシア主義、そしてアレクサンドル・ドゥーギンのユーラシア・ナチズムの混成物であると説いた。だがプーチン体制には、ナチズムのような下からの運動という側面がほぼ皆無で、上からの「垂直的統制」という枠を超えない。

プーチンはファシストか？

ジョージ・ワシントン大学の研究者マルレーヌ・ラリュエルの『ファシズムとロシア』（東京堂出版）もまた、プーチンをファシストと考えることに反対している。なかでもウクライナ戦争を支持し、Z革命を唱えるドゥーギンのような反ウクライナの地政学的極右潮流があることとは確かだ。しかし彼らの運動も下からの民間運動というわけではないし、この考えがプーチンを動かしているとか、彼がブレーンだといった米国の一流外交誌にも見られる考えは明らかに誇張だ。

プーチンを「ファシスト」や「悪魔」と呼ぶ言説の背景にあるのは、旧中東欧出身の北米ディアスポラ（移民）の世界観が、西ウクライナを中心に浸透したからだが、実際のプーチンにはそれほど一貫性がない。

二〇二一年のバルダイ・クラブでも強調したが、むしろプーチンの考えは哲学者ニコライ・ベルジャーエフのような合法マルクス主義とキリスト教思想とのあいだにある。保守主義や軍産複合体、正教会などに取り囲まれてはいるものの、基本的にはロシアの権力機構や利益団体各派の勢力がバランスを取り、権力を運営しているというラリュエルの見方に筆者は賛成する。

ちなみに、古儀式派出身のロシア政治家は少なくない。ほかならぬ初代ロシア大統領のエリツィンも古儀式派出身であった。エリツィン政権時の首相で、ガス産業のボスだったヴィクトル・チェルノムイルジンも同様だ。首相解任後、二〇〇九年までウクライナ大使を務めたのは、いかにウクライナとの関係が天然ガス絡みだったかを物語る。

また、ソ連時代に長く外務大臣を務め、公式の自伝でこのことを語ったグロムイコ、スターリンの右腕であったモロトフ外相らも、同じく古儀式派出身であった。ソ連外交はかなりのところ古儀式派出身の党員が運営したということだ。

このようにロシア（ソ連）の政治エリートのなかには、ある種の「宗教的潮流」が存在する。彼らはしばしば「愛国的」かつ「保守的」「禁欲的」とされ、ロシア国内においても、リベラルなヨーロッパ志向とは相容れない傾向があった。同性婚問題などは、その典型といえるだろう。

政界以外の治安機関、さらにスターリンのブレーンにも古儀式派は多数存在していた。現在のロシアにおいて保守派が評価するのは、レーニンやトロツキーといった革命家ではなく、「大戦中」に正教を守ったスターリンだ。そして保守派はプーチンにとって、非常に重要な政治的基盤といえる。

北方の厳しい気候のなかで信仰を守ってきた古儀式派を含む正教徒は、勤労を旨とする原始共産主義的な道徳観を持っていた。古儀式派はロシアがウクライナを取り込んだ「正教帝国」になることにも反対していた。こうしてニーコンの改革をめぐり、「儀式上の宗教論争」が地政学的な「国際政治論争」と絡んできた。

その痕跡は、現在のウクライナ侵攻にも垣間見える。ウクライナ東南部のノヴォロシアに関与しているモスクワの右派集団イズボルスキー・クラブには、愛国右派政党「祖国」のロゴージン（前ロスコスモス総裁）だとか、民族右派系新聞『ザフトラ』の編集長プロハノフだとか、あるいはユーラシア主義的地政学者として有名なドゥーギンといった広義の古儀式派系と思われる人士が強く見られる。プーチンも二〇一二年はじめの民主化運動がモスクワで燃えさかったとき、この右派集団に傾斜したことがあった。

冷戦後のロシアと米国・NATOの対立

ここで改めて、ソ連崩壊後に起こった米ロの衝突について振り返ってみよう。冷戦終焉後、最初に発生した米ロ対立は、先にも触れた旧ユーゴスラビア（南スラブ）のボスニア紛争だ。ユーゴスラビア解体過程で独立したボスニア・ヘルツェゴヴィナにおいて、一九九二年から九五年まで続いた内戦である。

中東と東欧とのあいだにあるこの地は、宗教的にはカトリック、正教とイスラム圏との「文明の衝突」が激しさを増す結節点だ。国連や欧州諸国の関与が上手くいかなかったことを見た米国のクリントン大統領がこの紛争に介入し、米国デイトン空軍基地で和平一般枠組み合意によって処理する。この成功体験が、唯一の超大国となった米国やNATOを刺激することとなった。

その次の米ロによる衝突は、コソボ紛争だ。コソボ紛争とは、先のユーゴ紛争の延長であって、一九九八年から九九年にかけてセルビアのコソボ自治州で発生した武力衝突に対し、NATOが介入することで勃発した。ある意味、プーチンの対ウクライナ介入の反面教師といえる。

当時のコソボ自治州では、アルバニア人の人口が急増していた。アルバニア人による戦闘組織であるコソボ解放軍は独立を要求していたが、セルビア人側は同地をオスマン帝国との戦いに由来する一四世紀以来の聖地と見ていた。こうしてアルバニア人とセルビア人とのあいだで対立が生じ、紛争へと発展していく。

一九九八年の武力衝突では二〇〇〇人以上が死亡し、大きな国際問題となった。NATO結成五〇年にあたる一九九九年三月、東欧に拡大したNATOが国連の決議を待つことなく、域外であるセルビアに向けて空爆を行った。同年五月には中国大使館が「誤爆」されるという事件も起こっている。

一九九九年三月二四日、当時のロシア首相であったエフゲニー・プリマコフは、公式訪問で米国に向かう途中の飛行機で、NATOが空爆したことを知ると、その場で訪米を中止し、ロシアへ戻るよう命じた。プリマコフが行ったこの決定は、「プリマコフ・ループ」として知られている。

空爆の停止直後、ロシアも軍の空挺部隊を平和維持の名目でコソボへ派遣し、プリシュティナ空港を一時占拠した。この作戦の中心となったのが、当時ロシア安全保障会議書記だったプーチンである。空爆終了後、国連安保理決議が採択されると、コソボ自治州は国連の暫定統治下に置かれることとなった。

ボスニア紛争やとくに国連のお墨付きのないコソボ紛争のように、「空爆により、独立を認めさせる」という論理は、ＮＡＴＯによる主権国家に対する攻撃でしかない。当時のロシアは、そうしたＮＡＴＯの行為を批判したが、二〇一四年のクリミア併合、さらに今回のウクライナ侵攻では、ロシア自身が「クリミアのロシアへの帰属を認めよ」「ドネツク人民共和国およびルガンスク人民共和国の独立を認めよ」という立場に変わった。勝者の傲慢や指導者の誤算など、紛争へと至る原因は複合的だが、最大の要因は双方とも大国のご都合主義だといえる。

今回プーチンが行った「特別軍事作戦」という名の戦争には、ＮＡＴＯのコソボ爆撃を法的なことも含めて模倣したという側面がある。コソボ独立が、未承認国家のモデルとなったからだ。ＮＡＴＯがウクライナの加盟を進めた二〇〇八年、西側だけがコソボを独立国として承認しているが、ウクライナ戦争の長期化により「バルカン半島の代理戦争」の再発が懸念される。

プーチン時代のはじまり

プーチンの政治キャリアにおいて見過ごすことができないのが、「オリガルヒ（新興財閥）」の排除、さらには「シロビキ」と呼ばれる治安・国防関係省庁の職員およびその出身者を登用した政治体制である。一九九〇年代後半、エリツィン政権のもとで実権を握っていたのは、ボリス・ベレゾフスキーのようなオリガルヒであった。彼らは独自の勢力ではなく国家に寄生し、その指名と支持によってにわか成金となった。

エリツィン再選のために資金を提供し、見返りを求めた七名の新興成金のまとめ役であるベレゾフスキーは、数学者から実業家に転身した人物だ。中古車ディーラーから国営放送事業を任せられた「ロゴヴァズ」グループの総帥にまで上り詰めたことで知られる。

九六年後半に政府の実権を握ったオリガルヒたちは、民営化による暴利をむさぼった。石油や天然資源などの民営化をめぐり、政府に寄生しては血みどろの利権争いを繰り広げた。その背景には、ロシアの石油とガスの利権をほしがったハンガリー出身の国際的投機家ジョージ・ソロスの存在もあった。ソロスは二二年五月のダボス会議で、プーチン個人への制裁を主張している。

さらに一九九八年夏には、財政危機から政府が債務不履行に陥り、通貨は三分の一から四分の一にまで減価した。この危機を救ったのも、プリマコフ首相であった。

エリツィン大統領時代に議会の多数の信任を得て新首相に就任したプリマコフは、共産党や改革的野党の協力を得て、この経済危機を乗り越える。また、民営化されたエネルギー企業の国家規制を強めた。これによりエリツィン大統領の権威は、地に落ちることとなった。慌てたエリツィン周辺が対抗馬として指名したのが、ウラジーミル・プーチンであった。

プーチンが後継者に選ばれた理由

ここで「NATOの東方拡大」について、もう少し深く考察してみよう。第一章でも触れたが、NATOは集団的自衛権に基づく北大西洋での軍事同盟である。ソ連を中心とした共産圏（東側諸国）に対抗すべく、一九四九年四月に締結した北大西洋条約により誕生した。「米国が欧州に入り、ドイツの地位は低下、そしてロシアを追放」した機構とも評された。

近年では周辺地域の紛争抑止のほか、域外での対テロ対策を実施するなど、その役割は多岐にわたる。その一方で、コソボ紛争やイラク攻撃など国連安保理を迂回した行動は、中ロの疑惑を招いてきた。

「核をもつモスクワは、ソ連がロシアとなっても欧米にとっての敵である」と唱えるポール・ウォルフォビッツ（元国防副長官、第一〇代世界銀行総裁）などのネオコン勢力が、クリントン政権にNATOの東方拡大を働きかけた。一九九七年にこれが成功し、九九年にはコソボでNATOによる域外での一方的な攻撃が行われた。これを目にしたエリツィン大統領は、ロシアの次の課題はまさしく「NATOの東方拡大」であると見た。そこでエリツィンは「自身の後継者は、コソボ紛争とNATOをよく知るシロビキ」であることを条件とした。

チェチェン紛争

一九九九年末、エリツィン大統領はプーチンを後継者として指名した。プーチンは冷戦末期の東ドイツ、つまり対岸からNATOを見てきた人物である。一九九六年からクレムリン入りしたプーチンは、連邦保安庁長官（FSB）、安全保障会議書記とスピード出世を重ね、九九年八月には首相に就任する。

首相となったプーチンが直面した問題が、チェチェン紛争（一九九四〜二〇〇九年）である。チェチェン人はカフカース地方の印欧系少数民族で、ソ連崩壊後にロシアからの分離独立を目指した。チェチェンの連邦からの独立を阻止したいロシアとのあいだで、一九九四年から二〇〇九年まで二度にわたって激しい戦闘が行われた。第一次（一九九四〜九七年）、第二次（九九〜二〇〇九年）の紛争による死者数は一〇万人を超えたともいう。

チェチェン紛争は九七年一月から九九年八月までの停戦期を挟むが、八月にイスラム国家樹立を目指すイスラム急進派とチェチェン武装勢力が、ロシア領内のダゲスタン共和国へ侵攻したことで第二次チェチェン紛争が勃発する。首相になったばかりのプーチンは、機会を逃さず反撃に打って出た。これにより、プーチンは国内での人気を一挙に高める。

九九年一二月に行われた議会選挙では、プーチン首相支持を訴える「統一」派が、人気の高かった非常事態相セルゲイ・ショイグらを中心に結成された。しかし、対抗馬のプリマコフ元首相らを推す集団も有力で、一部のテレビ局や知識人、地方知事らが支援した。

プーチンとは誰か

プーチンが首相に就任した四カ月後の一九九九年一二月三一日、エリツィン大統領が突如辞任を公的に表明する。迎えた二〇〇〇年三月の大統領選は、エリツィンの後継者を決める選挙であった。指名により大統領代行となっていたプーチンは、第一回投票で五二・九%を獲得して当選する。この数字は微妙で、支持したオリガルヒの結束が崩れればプーチンは失脚しかねなかった。

もっとも議会選挙と大統領選挙を前に、オリガルヒはアジア通貨危機のあおりを受け、破綻しかけていた。一方、プーチンは安全保障を選挙のキーワードにしたが、当時の内外世論はプーチンを知らず、「プーチンとは誰か」といった問いが出ていたほどである。

事実、大統領就任当初、KGB出身のこの人物には、とりわけ「民主派」や国際世論から懐疑的な声が噴出した。プーチンが推進したチェチェン政策をめぐっては、西側諸国や国内の民主派から強い批判も出た。もっとも二〇〇一年の九・一一同時多発テロ以降は、イスラム急進主義による国際テロがグローバルな問題として認識されるようになり、以降この点からのプーチン批判はトーン・ダウンしていく。

二〇〇〇年五月、大統領に就任したプーチンは、チェチェンへの武力行使を本格化していく。地上軍を派遣するとともに、首都グロズヌイにも空爆を行ったのだ。

しかし、その後もチェチェン武装勢力のテロ活動は激しさを増し、二〇〇二年にはモスクワの劇場占拠事件（一六九名が死亡）、二〇〇四年には北オセチア・ベスランでの学校占拠事件（三二一名が死亡）などが起こった。プーチンはその間、カディロフ派など元独立派を自派に取り込んでいく。

二〇〇九年に治安は回復したが、なおも一部の独立要求は続いた。ウクライナ紛争でも、プーチン支持派のカディロフ派戦闘員は、バリケードの向こうの同胞人と対峙している。

激化する米ロ対立

プーチンが大統領に再選された二〇〇四年、ウクライナでオレンジ革命が起こった。これを皮切りに、ロシアと米国との対立が激化していく。その一因となった人物が、先にも名前を挙げたボリス・ベレゾフスキーやミハイル・ホドルコフスキーである。プーチンは、ベレゾフスキーが進めようとしたエネルギー資源の完全民営化を反故にし、ベレゾフスキーやグシンスキーといったマスコミを握ったオリガルヒを海外へと追放、残りの集団に資本家としての政経分離を求めた。ホドルコフスキーの民間石油会社ユーコス社を、KGB時代の友人であるイーゴリ・セーチンがトップを務めるロスネフチ社へ再編、国家優位での市場経済化に踏み出した。

追放されたベレゾフスキーは反プーチン活動をロンドン、さらにキーウとジョージアで繰り広げる。ベレゾフスキーは西欧政府が旧ソ連圏の民主化運動を通じて、プーチン政権を倒すことを期待した。しかし、二〇〇三年のユーコス事件でホドルコフスキーが失脚し、目論見は外れる。

市場改革派でありながらエネルギーの国家統制を進めたアレクセイ・クドリンなどのアドバイスもあり、プーチン大統領は一定価格以上の石油利益を国庫と年金に回した。これによりプーチン大統領の人気は国民的なものとなった。さらに石油価格の上昇もあり、プーチンの支持率が落ちることはなかった。

二〇〇八年四月、ルーマニアの首都ブカレストにおけるNATO首脳会議に初めて参加したプーチン大統領は、当時のジョージ・W・ブッシュ米大統領と会談し、東方拡大について話し合う機会をもった。このときEU諸国も東方拡大には消極的であり、ウクライナとジョージアの加盟を将来的な課題とすることで話し合いは終わった。

消極論は米政府内でもあった。当時の米国のロシア大使で現CIA長官のウィリアム・ジョセフ・バーンズは、「NATO拡大は挑発である」という批判を内部で行った。彼はこの評価を、二〇一九年の回想録で明らかにしている。だが、これにオバマ政権時代の副大統領バイデンが介入し、タンデム政権のドミトリー・メドベージェフ大統領の続投を支持する記者会見を、二〇一一年三月のモスクワで行っている。

こうした極めてあいまいな状況が、ウクライナの帰趨をめぐる米ロの覇権争いを広げたといってもいいだろう。ロシアから見ればウクライナ東部はロシア語圏であり、軍需産業など旧ソ連経済のサプライチェーンでもある特殊な場所だ。一方、米国からすればウクライナ統合を契機に、「プーチンは、旧ソ連の復活を狙っている」ように見えた。

その後、NATOの東方拡大問題は、元来慎重であったドイツ・フランスなどのEUと積極的なNATO、また新たにNATOのハブ(中核)を目指すポーランドやバルト三国も加わり、より複雑な地政学的ゲームに発展した。旧東側でもカトリックのポーランドと正教のロシアとの宿年の対立が、ウクライナをめぐって繰り返されたのが東方拡大である。さらに近年では東ウクライナでNPOやマスコミ、民間防衛組織まで関与したハイブリッドな争いとなっている。

「強い国家」と「垂直的統制」

ソ連崩壊後の銀行業務の拡大などにより、闇市場出身のアレクサンドル・スモレンスキーやユダヤ系少数民族といった人物たちは国家の富を得た。オリガルヒは、そうしたソ連時代の国営企業を民営化する過程に関与した一連の政商である。

プーチンは彼らを政治から切り離し、「ビジネス」に専念させた。経済人の役割は資本家として機能することで国家に税金を収めることとし、政治への干渉を一切認めなかったのである。

こうした「強い国家」と「垂直的統制」が国民に支持され、以降の政権継続の礎を築いたといえよう。

世論から不人気な「富裕なオリガルヒ」を政治の世界から排除したことは、プーチン政治における人気のポイントの一つである。事実、プーチンはホドルコフスキーを脱税容疑で逮捕し、シベリア送りの政治犯とした。

プーチンによる政経分離政策の背後には、「誰がロシアのエネルギー資源を支配するか」をめぐる対立構造も見え隠れする。ロシアの富の源泉で、外交と経済を支える重要なエネルギー資源を民間企業、それもクレムリンの権力中枢を狙いかねないオリガルヒには任せられない。ましてや、彼らはソロスなど国際投機集団と絡んでいる、というのが保守派の認識だ。

プーチンは、オリガルヒを統制するという口実でパイプラインを国有化し、また東方に進出するなどエネルギー戦略におけるクレムリンの支配を一層強めた。もっとも、これが別の弊害を招くことになる。今度は「シロビキ」と呼ばれる警察や国防関係者が、石油などの利権部門へと進出してきたのだ。

プーチン政権の実績

第一期プーチン政権（二〇〇〇年五月～〇四年五月）、第二期プーチン政権（二〇〇四年五月～〇八年五月）を通じて、ロシアは次第に安定していった。国民からの厚い支持を受けたプーチンは、外交においても明確な自己主張を展開していく。

二〇〇三年に米国が仕掛けたイラク戦争が行き詰まりを見せると、イラクへの侵攻に反対していたロシアの国際政治における発言力は確実に高まっていった。こうしてプーチン大統領は国内・国外において、盤石な地位を築き上げていく。

ここで改めて、第一期・第二期プーチン政権の実績を簡単に総括しておこう。大きく分けて、五つの項目にまとめることができる。

第一はスローガンの垂直的統合を梃子に、ロシアの国家崩壊の危機を払拭したことだ。懸案となっていたチェチェン問題も、二〇〇四年に独立派によるベスラン学校占拠事件を制圧し、さらに二〇〇六年にチェチェン独立派の強硬派指導者であったシャミル・バサエフが暗殺されたことを契機に退潮する。

第二はイラク戦争を境に、対外関係を好転させたことである。プーチン大統領は、イラク戦争における欧米間の亀裂をうまく利用し、「アラブの春」などで中東進出を図る米国のネオコン潮流への欧州の慎重さを引き出した。両者のバランスを取ることに腐心した結果、国際政治におけるロシアのプレゼンス（存在感）は高まった。

第三は「反オリガルヒのキャンペーン」を行ったこと、そして第四は「石油や天然ガスなどのエネルギー資源戦略」を明確にしたことである。プーチン大統領は、国家によるエネルギー産業の統制システムを確立した。ホドルコフスキーの逮捕は、オリガルヒの政界進出を食い止めただけでなく、エネルギー会社に対する牽制の意味もあった。国家財政や安定化基金は増大し、年金などの支払いが進み出した。

第五は実績と言えるかどうかはともかく、「シロビキの台頭を促した」ことだ。オリガルヒに代わって政権内での比重を高めたシロビキによる体制は、国内のリベラル派や欧米政府、民間企業などとの摩擦も生み出したが、プーチン自身はクレムリン内で均衡を保った。

タンデム（双頭）体制

その後、プーチン大統領は三選を拒み、二〇〇七年一二月に自身の後継者として若手のドミトリー・メドベージェフを指名する。ユダヤ系のメドベージェフは翌〇八年三月の大統領選挙で圧勝し、四二歳の若さでロシア連邦第三代大統領に就任した。大統領となったメドベージェフはプーチンを首相に逆指名し、いわゆる「タンデム（双頭）体制」を始める。

このタンデム体制については、その思惑をめぐり様々な意見が噴出した。プーチンがメドベージェフを大統領に据えたのは、自身が返り咲くまでの仮のかたち、単なる傀儡と見る者もいれば、一方では「リベラル」で親西欧的なメドベージェフに期待をかける者もいた。

プーチン自身は二〇〇八年二月の記者会見で、メドベージェフ大統領について「お互いに知り尽くしていてウマが合う」と発言している。両者の関係を「ドイツにおける大統領と首相との権限分担」に近いかたちになるという説も流布した。

そうしたなか、メドベージェフ大統領は二〇〇八年一一月に、大統領権限を四年から六年に延長する法案を議会に提出した。これにより、次の大統領は二〇一二〜一六年だった任期が、二〇一八年まで延びたのである。

実際、先に触れたように米国のジョー・バイデンは、副大統領だった二〇一一年三月にロシアへ赴き、「メドベージェフ大統領が再選することを望む」と記者会見で述べた。これがプーチンを刺激し、翌年三月に予定されていた大統領選へ出馬する意思を固めたとされる。

当時の米オバマ政権は、「核なき世界」を打ち出し、また米ロ関係の「リセット」を掲げ、かなりの改善を目指した。二〇一〇年四月には、核軍縮の枠組みである「新ＳＴＡＲＴ（新戦略兵器削減条約）」の調印が行われた。これは二〇〇九年一二月に失効した「ＳＴＡＲＴ１（第一次戦略兵器削減条約）」に代わる後継条約である。

二〇一〇年のバルダイ・クラブで、プーチン首相はタンデム体制の将来を訊ねられたが、そのときの回答はあいまいだった。しかし、「自分かメドベージェフ大統領のどちらかが、二〇一二年の大統領選に出馬するだろう」との発言を残している。

その後に行われた二〇一一年一二月のロシア下院選挙で、プーチンが党首を務める「統一ロシア党」は、かろうじて第一党を維持したものの大きく議席を減らした。また、この下院選挙では、開票作業で票の水増しなどの不正があったとされ、一〇万単位の市民を動員する政府への抗議デモが行われた。それでも、二〇一二年三月四日の大統領選にプーチンが出馬すると、事前の予想通り圧勝となった。これにより、プーチンⅡとも呼ばれる第二次政権（第三期・二〇一二〜一八年、第四期・二〇一八年〜）がスタートしたのである。

プーチンのユーラシア主義

第二次政権期の特徴として、プーチン大統領は東方シフト、つまり「脱欧入亜」政策を推し進める。じつは保守主義と同じくプーチンに影響を与えたのが、「ユーラシア主義」だった。ユーラシア主義とは、ユーラシア大陸北部に広大な国土を持つロシアは「ヨーロッパやアジアの一部ではなく、地政学的概念であるユーラシアに属する」といった思想である。

インドや中国との接近を図るユーラシア主義は、非ヨーロッパ・非カトリック（すなわちロシア正教）を特徴とし、ロシア革命後に生まれた民族主義的思想潮流だ。ソ連崩壊前に再評価されはじめ、一九八九年に亡くなった物理学者のアンドレイ・サハロフは、ソ連に代わるユーラシアという国名の憲法を構想した。

歴史的には、ロシア革命後に亡命した白系ロシア人たちの一部に、「ユーラシアという視点から、ロシア文明の再構築を思考」する志向が生じた。代表的なユーラシア主義者としては、二〇世紀前半にウィーン大学で教鞭を執った、言語学者ニコライ・トルベツコイが挙げられる。あるいは詩人ニコライ・グミリョフとアンナ・アフマートワの息子である歴史家のレフ・グミリョフは、『ルーシからロシアへ』などユーラシアの観点から一九七〇年代に著作を執筆、ソ連崩壊前後の地政学リバイバルを支え、幅広い読者を得ている。

プーチンは大統領選前の二〇一一年一〇月に「ユーラシア連合」を提唱し、旧ソ連空間の再統合を明らかにした。〇八年に提起されたウクライナへのNATO拡大を牽制する目的だが、再びユーラシア主義とプーチンとの関係が注目を集めたのである。

「悪魔」プーチン

今回のウクライナ戦争以前から、西側の一部の国ではプーチン大統領を「独裁者」、あるいは駐ロシア米国大使だったマイケル・マクフォール博士のように「悪魔」と非難してきた。ロシア国内のメディアを牛耳り、抗議運動を弾圧して国民をコントロールしてきたからである。

確かにプーチンの政治に、そうした権威主義的・独裁者的な面があることは否定しない。だが、それでも八割以上のロシア国民が今回のウクライナ戦争中でもプーチンを支持し、さらに七二%が二〇二四年の大統領再選を望んでいるのはなぜか。その理由は、よくも悪くもプーチン大統領がロシア人の最大公約数的な存在を体現しているからである。一九九〇年代のオリガルヒの台頭のもと、極度の格差社会を体験したロシアの多数派から見れば、中道的なプーチン政治が社会の安定をもたらしたのは事実だ。

実際、プーチンの基盤である保守主義とユーラシア主義とは、多くのロシア人が共有しているものでもある。西側市場主義の模倣に疲れた多くのロシア国民は、保守主義とユーラシア主義という安定軸を求めた。それゆえ、プーチン政権の「負」の部分に目を瞑ることができているのである。ここ数年の高い支持率については権力による世論操作を差し引いても、そうした説明の方が適切だと考える。

さらに言及すれば、この保守主義とユーラシア主義とは、現代ロシア人にとってのアイデンティティにも関わる大事な要素といえる。ソ連崩壊後に進められた民営化により、途方もない格差社会が生まれたロシアでは、深刻なアイデンティティ危機を国民にもたらした。ロシア人のアイデンティティが大きく揺らいだとき、その隙間を埋めるようにして広まったのが正教的な保守主義であり、ユーラシア主義であった。プーチンという人間は、両者の代表的な担い手として現れたのである。

古儀式派の東方志向

ここでプーチンの東方志向に、宗教がどう関わってくるのかについても説明が必要だ。正教的な保守主義とユーラシア主義のあいだには、意外な関係性が確認できる。じつは、ここでも「古儀式派」が出てくるのだ。

ロシア正教のなかでも古儀式派は、伝統的な異教的要素である太陽信仰とも混交し、東方への憧れが強い。そうした面でユーラシア主義の東方志向とも親和性がある。また、古儀式派の東方志向には、同派の「白水伝説」も関係している。白水伝説とは「東方に黄金郷が存在する」という古くからの言い伝えである。

実際に黄金郷を求めて、一九世紀末から旧満洲や日本へ移り住んだ古儀式派も存在する。いまから一〇〇年以上前の話になるが、北海道函館市周辺に古儀式派が集団で入植した。彼らは定住こそしなかったものの、はるばる日本までやってくるほど、その東方志向は強固であった。

こうしたプーチン大統領の東方志向（アジア・シフト）は、対日本向けのエネルギー輸出量の増大からもうかがえる。二〇一二年五月、第三期政権に入ったプーチン大統領は欧米との距離をさらに置き、「アジアの国」になろうとしていた。それは、大国の道を歩む中国や、地域を不安定化させる北朝鮮、そして北方領土問題を抱える日本などを巻き込み、北東アジアの政治地図を大きく塗り替えるものであった。その後、プーチンは「シベリアと極東」の開発に乗り出していく。

ロシアにとっての「東側」とは、広義には「非西欧」を意味し、そこにはトルコや中東も含まれる。ロシアがこの「東側」を見るとき、まず意識されるのが身近なシベリアや極東地域である。さらに北極航路や開発の先に、アジア・太平洋地域が現れるのは言を俟たない。

じつは、一九世紀半ばのクリミア戦争（一八五三～五六年）で敗北した際、ロシアはすぐに中国や日本への関心を強めた。その後、日露戦争などを経て、二〇世紀のロシアにとっての「東方」は、単に戦略論的重要性や東西バランスといった範疇を超え、ロシアの歴史的運命やアイデンティティにも関わる地域へと変貌していったのである。古儀式派とも関わりを持つプーチンがユーラシア主義のもと、東方に目を向ける。これは興味深い因縁といえよう。

ウクライナに侵攻したプーチンの「大義」とは

米国の国際政治学者で、リチャード・ニクソン政権（一九六九～七四年）およびジェラルド・フォード政権（一九七四～七七年）の国務長官も務めたヘンリー・キッシンジャーは、プーチン大統領と一七回程度面会したことがある。二〇一六年一二月、キッシンジャーはCBSテレビで「プーチンはヒトラーだ」という米国世論に対し、「むしろドストエフスキーだ」と発言した。その意味は、帝都で弾圧されて罪を犯した『罪と罰』の主人公ラスコリニコフになぞらえ、伝統的な古儀式派にも似たプーチンの性格を重ね合わせたということだろう。

今回のプーチン・ロシアによるウクライナ侵攻の目的とは、これまで西側が決定してきた国際ルールに対抗し、力による現状変更を求めた挑戦なのか。あるいは、没落しつつある帝国が、断末魔のような呻き声を上げているにすぎないのか。現在のロシアをどの立場から眺めるかにより、それこそ実像と鏡像といっていいほど見えてくる姿はまったく異なる。

ロシアやプーチンを論じる際、筆者は「歴史的、文明論的な視点が必要である」と常に説いてきた。さらに、このたびのウクライナ侵攻に際しては、カトリックと正教との一〇〇〇年間にわたる宗教的差異が、それを理解するカギであることを強調する。

プーチンの友人や取り巻き

今回のウクライナへの軍事侵攻の過程では、誰がどういう役割を果たし、あるいは果たさなかったのかをめぐる議論や推測が寄せられた。しかし、当初西側政府やメディアが推測したオリガルヒの役割は的外れだった。

西側に逃れた、あるいはロンドンなど海外に資産を有するからといって、「国家によって作られた寄生的政商」が、大統領に対して発言権があるといった推測は見当違いであった。ベレゾフスキーやホドルコフスキーは、独自の労働で富を蓄えたロックフェラーやモルガンのような役割を、ロシア史上で果たしたわけではない。チェルシー・フットボールクラブの元オーナーのロマン・アブラモビッチが、トルコとの交渉で果たした役割は、単なるメッセージ役としてであろう。

またコロナ禍のなか、大統領へのアクセスは極度に抑えられた。だから数人の役割が注目され、なかでも大統領府のアントン・バイノ長官や内政担当のセルゲイ・キリエンコ副長官、コバリチュークなど古くからの別荘仲間や、停戦交渉代表のウラジーミル・メジンスキーなど補佐官クラス、ドレスデン時代からの友人チェメゾフなどは、その動向が国際的にも注目された。ショイグ国防相など軍首脳も同様だ。

ラトビアに本拠のあるテレビ局「メドゥーザ」は六月一七日の記事で、プーチン周辺の平和党としてグレフ、コバリチューク、チェメゾフ、コスチンの名前を挙げている。一方、対抗する戦争党には、ドミトリー・メドベージェフ前大統領、キリエンコ、そしてニコライ・パトルシェフ安保会議書記の名を挙げている。沈黙党というカテゴリーには、モスクワ市長セルゲイ・ソビャーニン、首相のミハイル・ミシュスチンの名前を挙げる。

これらの人物の役割は、二〇一九年の憲法改正時からすでに、各派の政治学者によって取り沙汰されてきた。なかでも古儀式派と言われるモスクワ市長の、戦争に対する距離の取り方は注目を浴びている。

他方、タカ派のオリガルヒ系であるウラジスラフ・スルコフ元補佐官や、二〇〇〇年代のアナトリー・チュバイスや元副首相のアルカジー・ドボルコビッチといったリベラル系の政治家は、プーチンから遠ざかった。体制内のリベラル派経済人、アレクセイ・クドリンやエリビラ・ナビウリナなどは、現在も活躍している。

米国の政治学者マルレーヌ・ラリュエルも指摘するように、プーチン周辺には各派の論客が多様な影響力を行使している。一方、しばしば米国のメディアで報道される、Z革命論のユーラシア主義者アレクサンドル・ドゥーギンのプーチン政権における役割に関しては、彼がモスクワ大学を数年で解雇されたことからもわかるように明らかに誇張されている。それでも、開戦から半年後の二二年八月、彼の娘でジャーナリストのダリアはテロによって殺害されてしまった。

今回のプーチンによるウクライナへの軍事侵攻については、ロシアの歴史的・文明論的・宗教的なアイデンティティの問題が深く絡み合っている。「第三のローマ」を目指し、東方志向を抱くプーチン・ロシアに対し、我々はどう対処していけばいいのか。続く第五章以降では、プーチンが思い描く独立国家共同体のあり方と、今後予想される世界の安全保障体制について論じていく。

第五章　ロシアとCIS

CIS設立の経緯

一九九一年一二月八日、ロシアのエリツィン大統領らスラブ系三国家首脳がベラルーシのベロヴェーシに集い、ソ連崩壊と戦略兵器管理のための法的共同体CIS（独立国家共同体）の形成に関する会議を行った。その会議での合意を受け、九一年末にロシアを含めた一一の共和国（ウクライナ、ベラルーシ、アゼルバイジャン、アルメニア、カザフスタン、キルギス、モルドバ、タジキスタン、トルクメニスタン、ウズベキスタン）により、条約共同体が正式に成立する。この条約共同体には旧ソ連構成国のうち、バルト三国とジョージア（グルジア）を除くすべての国が参加した。事実上の単一共和国であったソ連とは異なり、各国の主権を前提とする法的共同体の誕生である。

当初はソ連崩壊を踏まえ、黒海艦隊など戦略核を三スラブ系兄弟国で国際管理するといった軍事関係が、CIS創設の主目的だった。しかし、これについてはウクライナとの関係でうまくいかず、現在ではユーラシアでの経済分野の協力が主な役割になっている。

一九九三年にジョージアもCISへ加入したが、ジョージア戦争後の二〇〇九年に離脱し、トルクメニスタンも二〇〇五年に準加盟国となった。さらに創設時の加盟国であったウクライナも、二〇一四年のロシアによるクリミア併合により最終的に脱退したので、現在の正式加盟国は九カ国（ロシア、モルドバ、アゼルバイジャン、ベラルーシ、カザフスタン、アルメニア、ウズベキスタン、キルギス、タジキスタン）となっている。一九四〇年のソ連による併合を認めなかったバルト三国は、設立当初からＣＩＳに参加していない。ロシアがＣＩＳのなかに求めたのは、旧ソ連諸国における後継国家、さらには「リーダー」としての役割であった。ところが、ウクライナやモルドバといった独立国は、ＣＩＳを「旧ソ連地域の各国が、ロシアと円満に離婚（文明的離婚）するためのもの」と考えた。一方、ロシアは冷戦後の混乱期を乗り越え、ＣＩＳを「ポスト・ソビエト空間の再統合」として位置づけようとした。この温度差が様々な摩擦や軋轢を生み、現在のウクライナ危機のような複雑な関係をもたらすに至った。

再びロシアは一人になった

ＣＩＳ最大の転機は、二〇〇四年のオレンジ革命、そして二〇一四年のマイダン革命により、ウクライナが親欧米派となったことだ。ＣＩＳでロシアに次ぐ経済力を持つウクライナが去ったことで、「再びロシアは一人」の状態へと陥ってしまう。ジョージアやキルギスでも民主化運動が発生し、二〇二〇年にはアゼルバイジャンと親ロ派のアルメニアとのあいだで紛争が勃発している。また、ウクライナ戦争直前に、カザフスタンのヌルスルタン・ナザルバエフ体制が崩壊する。こうなるとロシアが覇権的立場へ回帰することがありえないのは、誰の目にも明らかである。

こうした旧ソ連圏における民主化の波もあり、第二期プーチン政権ではＣＩＳ諸国を、「ロ

図１　ロシアと旧ソ連加盟国の関係

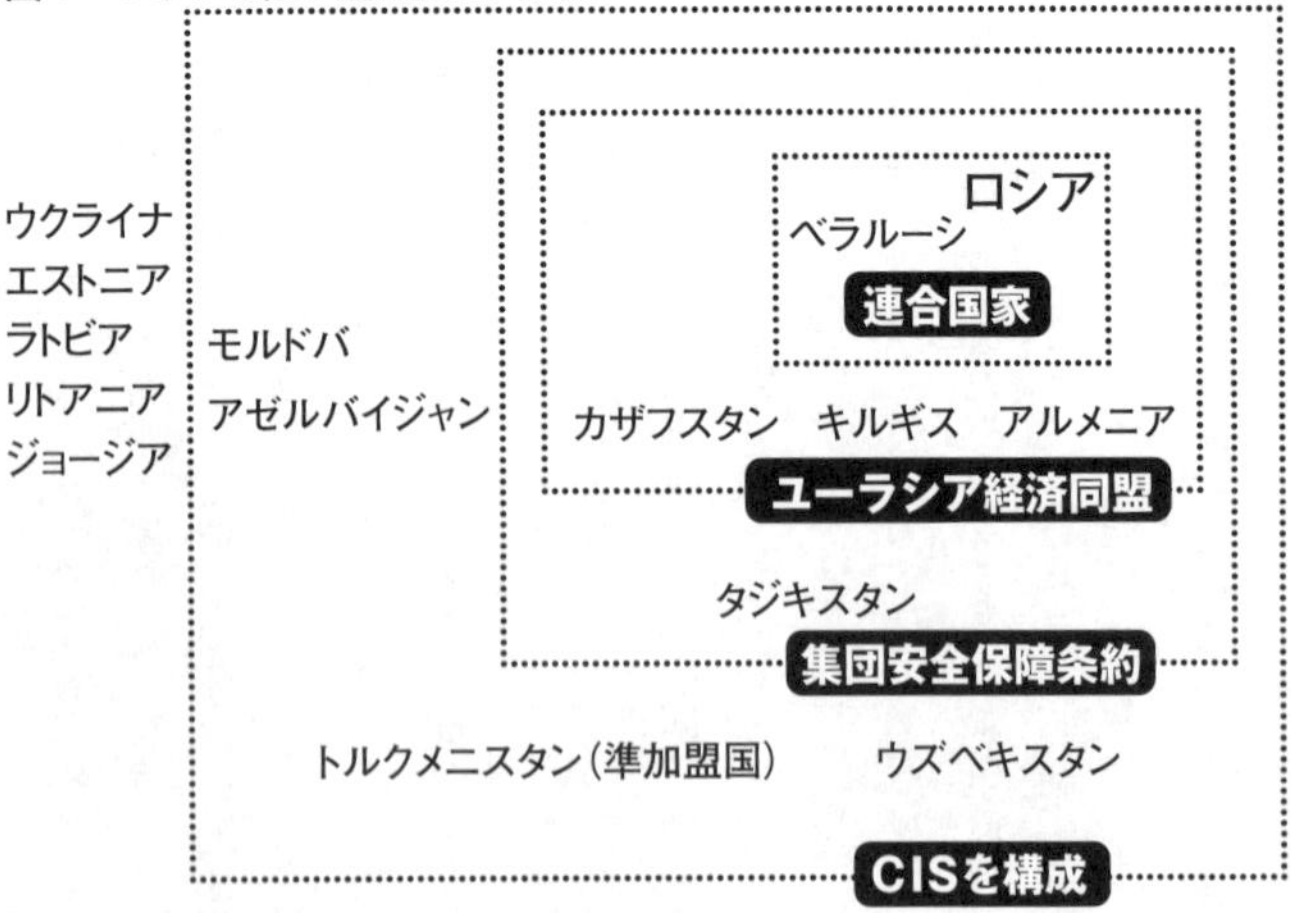

シアの裏庭」であるかのように特別視することはできなくなった。一帯一路による中国の経済的影響も忍び寄る。二〇〇五年のＣＩＳ首脳会議では、豊富なガス資源を背景としたトルクメニスタンのように、副首相レベルの人員しか参加させない国も現れた。ＣＩＳ諸国の遠心力は、次第に強まっていった。

ＣＩＳとほぼ並行して作られたのが、共通の国境線維持を当初の目的とする一九九二年の集団安全保障条約であった。この条約にはロシアをはじめアルメニアやトルクメニスタン以外の中央アジア諸国が入った。その後、ベラルーシが九三年に参加、ウズベキスタンが九九年に脱退したので、二二年時点での加盟国はロシア、アルメニア、ベラルーシ、カザフスタン、キルギス、タジキスタンの六カ国となっている。

二〇二二年一月のカザフスタン危機の際、この条約に基づく軍事的関与を行ったが、これがNATO拡大への対抗組織となるかは、カザフスタンの動向が大きく関わろう。

ロシアと旧ソ連圏の独立国の関係を簡単にまとめると、**図1**のようになる。まず一九九九年一二月八日、ロシアのエリツィン大統領とベラルーシのルカシェンコ大統領とのあいだでロシア・ベラルーシ連合国家創設条約が調印され、ロシアとベラルーシは「連合国家」となった。この連合は、じつはベレゾフスキーがCIS執行書記だったときの置き土産だったこともあり、プーチンは長く無視してきた。もっとも、今回のウクライナ戦争では同国がロシアの奇襲攻撃基地になるなど、NATOに対する前線基地となる可能性は排除できない。

その連合国家にカザフスタンとキルギス、アルメニアを加えた「ユーラシア経済同盟」があり、さらにそこへタジキスタンを加えると「集団安全保障条約」となる、という複合的関係だ。

統合か孤立か

その後、旧ソ連地域、とくに中央アジア諸国ではカザフスタンを中心に統合路線へと傾いていった。ガス資源が豊富で対中関係もよいトルクメニスタンは独自路線を歩んだものの、カザフスタンのナザルバエフ元大統領は、ユーラシア統合論者として知られていた。

一方、ロシアではCIS諸国を当初「完全な外国」というよりも「近い外国」と見なすようになる。外交においても、急速に進むＣＩＳ諸国の遠心力に抗し、「言語やロシア語情報、制度が共通する空間を、ロシアの勢力圏と見なす」という発想が強まった。「ロシア外交の基本概念」といった安全保障関連の文書においても、ＣＩＳ諸国との関係は引き続き「最も優先順位の高い地域的課題」とされてきた。

それでも一九九七年以降になるとＮＡＴＯの東方拡大もあり、ＧＵＵＡＭ諸国（ジョージア、ウクライナ、ウズベキスタン、アゼルバイジャン、モルドバ）が、ロシアと距離を置く外交政策を採るようになっていく。その背景にあったのは、カスピ海の油田と消費地を結ぶパイプラインの建設に絡む、国際的な利権争いだ。さらには、ロシアの影響力を弱体化させたいという、米国やＮＡＴＯの思惑も絡んでいた。ロシアとＧＵＵＡＭ諸国、とくに民族的な自立傾向の強いウクライナとのあいだで緊張が走った。西部（とくにガリツィア地方）のウクライナ人は、「われわれは断じてロシア人ではなく、ウクライナ人である」という明確な民族意識を持っていたが、独立後の経済的困窮もあり、東部ウクライナにおいてはレオニード・クチマ第二代大統領など主に軍需産業関係を中心に、経済人のなかからロシアとの統合を求める声が上がった。この亀裂から、二〇〇四年にオレンジ革命が起こったのである。

ロシアと距離を置くＧＵＵＡＭ諸国に対し、ベラルーシは一時的に悪化したロシアとの関係を改善し、「連合国家」まで構成した。ベラルーシのアレクサンドル・ルカシェンコ大統領は、一九九六年にはロシアと共同体条約、九八年末には連邦国家を創設する宣言を行い、九九年末に先の連合国家創設条約を結んだ。ウクライナ危機の深化と二〇二〇年のベラルーシでの反ルカシェンコ的な民主化運動が、プーチンとルカシェンコの距離を近づけた。今回のロシアによるウクライナへの軍事侵攻でも、出撃拠点を提供したベラルーシの立ち位置は明確だった。以後、ルカシェンコ大統領は、プーチン大統領を公然と支持してはばからない。

ロシアと旧ソ連諸国の関係

ロシアとベラルーシの結びつきよりは弱いが、同じ統合派としてキルギスとカザフスタンの二国が挙げられる。一九九六年三月、ロシアとベラルーシ、キルギス、カザフスタンの四国により、統合深化条約が結ばれた。これが二〇一〇年の「関税同盟」へと発展し、単一的な経済地域を形成した。一九九〇年代の内戦激化を経て和解へと向かっていたタジキスタンや、それまでロシア離れが目立っていたウズベキスタンも、ロシアとの関係を強め出した。

一九九一年に独立を果たしたタジキスタンでは、九二年から九七年にかけて内戦が勃発する。九三年にタジキスタンと友好協力相互援助条約を結んだロシアは、政府を支援するために国境警備隊を派遣した。その後、タジキスタンのラフモノフ（二〇〇七年にラフモンと改名）大統領は国連やロシア、イランの仲介により、九七年六月に反対勢力と国民和解協定を結んでいる。内戦時に国連監視団の一員だった筑波大学の秋野豊助教授が犠牲になったのは、一九九八年だった。

一方、ウズベキスタンでは、一九九〇年代後半にロシア離れが目立っていた。米軍も一時派遣されたが、国内の民族紛争やワッハーブ主義と呼ばれるイスラム急進主義問題から、近年はロシアへの傾斜も強めている。これらタジキスタンやウズベキスタンに、キルギス、カザフスタン、それとロシア、中国が加わった「上海協力機構（SCO）」が二〇〇一年に設立された。一九九一年の独立以来、二五年にわたってウズベキスタンの初代大統領を務めたカリモフ大統領が亡くなった二〇一六年以降は、西側との関係も配慮している。

CISと「ユーラシア連合構想」

このようにプーチン政権が統合路線に走ったことで、CIS諸国との関係は微妙に変化してきた。ロシアからだけではなく、各国においても対ロシア政策は外交上重要である。関税同盟諸国は二〇一〇年からロシア、ベラルーシ、カザフスタンが共通関税を導入し、二〇一二年からは資本サービスや労働力の自由な行き来を促すための「ユーラシア経済空間」を発足させた。

当時のメドベージェフ大統領は、CISを利益圏と呼んでやや緩やかに対応したが、リーマンショックもあり、ロシアの影響力は後退する。代わって大統領を目指したプーチンが二〇一一年一〇月に掲げたのが、「ユーラシア連合構想」であった。ウクライナをめぐるNATOとの覇権争いであったが、バイデン副大統領（当時）とプーチンの確執の始まりでもあった。

この間、米ロ関係に暗雲をもたらす要因となったのが、ウクライナ系でポーランド出身の民主党系戦略家ズビグネフ・ブレジンスキー、それとオクスフォード大学時代のクリントンの同窓生ストローブ・タルボットだ。なかでもタルボットは、一九九四年から二〇〇一年まで米国の国務副長官として、対ロシア政策やＮＡＴＯの東方拡大に関わった。現在はブルッキングス研究所の大御所として、対ロ政策に関与している。

ＮＡＴＯ東方拡大とは、「ロシア連邦も米国の敵だ」とするネオコンの発想でもあった。しかし、中東での米国の影響が低下する頃から国内での批判が強まり、冷戦史家アンドリュー・ベースビッチのように、米国とはそもそも敵がないということに耐えられない国なのかという問いも米国で噴出している（『幻影の時代』）。

だが、米民主党系などのネオコンは、ポーランドがＮＡＴＯの新たなハブとなり、さらに国境を接するバルト三国などと協調することで、ロシアとの緊張関係を増幅させた。こうした状況が、やがてロシアによるウクライナへの軍事侵攻の遠因となっていったのである。

ＣＩＳ構想に反対したウクライナ

ソ連時代はおろか帝政期を含め、黒海艦隊の管理は常にクレムリンが行っており、ウクライナに指揮権があるという歴史的根拠はない。ソ連崩壊時にも、同艦隊はCISが管理する部隊となった。しかしウクライナのクラフチュク初代大統領は、CISに懐疑的であった。他方、モスクワ市長のユーリー・ルシコフなどロシア民族主義者は、九〇年代を通じてその返還を要求していた。こうしたなか、ロシアはこの問題に経済を絡ませてくる。ウクライナへ供給するガス料金の減額と引き換えに、二〇一七年までの共同管理を決定する友好協力パートナー条約を、プリマコフ外相期の一九九七年に結んだのである。さらに二〇一〇年四月には、ウクライナのヤヌコビッチ大統領とのあいだで、ハリコフ合意が成立する。これにより天然ガス売却価格を引き下げる対価として、セバストポリにおけるウクライナ側の黒海港湾の主要基地を借用できる期間の二五年間延長（二〇四二年まで）が決まった。だが、それはマイダン革命で反故になり、プーチンによるクリミア併合に至ったことはすでに指摘した。

ユーラシアにおける民主化革命

ウクライナでのオレンジ革命に先駆け、ジョージアでは二〇〇三年に「バラ革命」、さらに二〇〇五年になるとキルギスで「チューリップ革命」が生じた。これら二〇〇〇年代に起こった旧ソ連諸国の民主化運動は、非暴力の象徴として色や花の名を冠したことから「カラー革命」と呼ばれている。「カラー革命」は、CIS統合を進めるロシアにとって大きなブレーキとなった。一つずつ経緯を見てみよう。

ジョージアは、一九九一年四月に主権を宣言した。九二年に元ソ連最後の外務大臣を務めたエドアルド・シェワルナゼが、教条的な民族主義者ズヴィアド・ガムサフルディアに代わって新指導者になると、九三年一〇月にCISへ加盟する。九五年八月に新憲法が採択され、大統領に選出されたシェワルナゼは同年一〇月、ロシアとも軍基地条約の調印を行っている。

もっともジョージアでは独立以前の一九八〇年代から、イスラム系のアブハジア自治共和国や南オセチア自治州、アジャリア自治共和国の民族分離運動などとの紛争が続いていた。これらジョージア領土内で起こった民族運動の背後には、民族主義的知識人から大統領になったガムサフルディアの過剰な民族主義に加え、チェチェン紛争の余波やロシアの影響もあったと見られている。

二〇〇三年一一月、「バラ革命」と呼ばれる抗議運動により、シェワルナゼ大統領は辞任に追い込まれる。翌年一月に行われた大統領選挙では、当時三六歳で「国民運動」の党首であったミハイル・サーカシビリが選出された。九割超（九六・三％）という圧勝であった。

サーカシビリ大統領はジョージア生まれだが、ウクライナのキーウ（キエフ）大学卒業後、米国コロンビア大学に留学、ニューヨークで弁護士として活躍した経歴をもつ。その後、政界入りし、シェワルナゼ政権において法相を務めた。彼が反シェワルナゼを明言して結成したのが、新政党「国民運動」であった。モスクワを追われたベレゾフスキーも関与してジョージアに親欧米政権が誕生したことは、ロシアに衝撃をもたらした。ロシアのイーゴリ・イワノフ外相は関係改善を図るものの、新政権はロシア軍のジョージアからの撤退を求めた。

このジョージアにおけるバラ革命は、その後のオレンジ革命をはじめとする旧ソ連諸国で相次いだ民主化革命の嚆矢として、現在では注目されることが多い。地政学的な枠組みで捉えたとき、ジョージア、アゼルバイジャン、アルメニアの三国を総称する南カフカースは、NATOをにらみながら黒海を重視するロシアにとって要衝の一つである。

その後、北京オリンピック開催中の二〇〇八年八月、南オセチア自治州において軍事衝突が勃発するが、これは米国の共和党ジョン・マケインが応援したともいわれる。もっともサーカシビリ大統領の性急な侵攻には、ヨーロッパやイスラエルも距離を置いた。

これに反撃したロシアが首都トビリシまで侵攻したことで、世界の注目が集まった。その後、EUの仲介により停戦し、ロシアは撤兵する。親欧米路線を強めたサーカシビリ政権は、二〇〇八年八月にCISから脱退し、ロシアに対して外交関係断絶を通告している。

ジョージア正教会

同じ正教世界としてもユニークなのが、ジョージア正教会である。ジョージアは当時の大統領サーカシビリが親欧米的なことから、ロシアに対して批判的立場をとってきたが、同正教会はそのあいだに入って緩衝的役割を演じてきた。ジョージア正教会の歴史は、ロシアよりもさらに古い。ジョージアは一九世紀初めにロシア帝国へ併合され、それによりジョージア正教会も全ロシア（ロッシースキー）正教会の一部となった。その後、一九一七年のロシア革命によって自立性を得たのである。一九七七年からジョージア＝カトリコス総主教を務めるイリヤ二世は、モスクワの正教アカデミーで教育を受けた人物だ。二〇〇八年一二月のロシア総主教アレクシー二世の葬儀にも出席し、メドベージェフ大統領とも面会している。

ジョージア戦争時、サーカシビリ政権とジョージア正教会との関係は友好的とはいいがたく、正教会側はいち早く政治と距離をおいた。二〇一三年、イリヤ二世はロシアとの和解を主張し、同年一月に首相のメッセージを持ってプーチン大統領と会談した。この動きに対し、サーカシビリ大統領は総主教を裏切り者と批判したが、一〇月の大統領選挙での敗北をきっかけにウクライナへ亡命、その後はポロシェンコ大統領顧問やオデーサ州知事を務めている。

チューリップ革命

二〇〇四年の「オレンジ革命」は、翌〇五年に中央アジアのキルギス共和国へも飛び火した。キルギスで起こった「チューリップ革命」についても、ここで触れる。

二〇〇五年二月からキルギス議会選挙が行われ、初代大統領であったアスカル・アカエフを支持する与党が七割の議席を確保した。これに対し、野党側から不正選挙だと抗議の声が上がったのである。同年三月に一部が暴徒化し、アカエフ大統領は辞任に追い込まれ国外へ逃亡する。その後、七月一〇日に行われた大統領選挙により、クルマンベク・バキエフ元首相が大統領に就任し、首相にはフェリックス・クロフが任命された。この一連の政変が「チューリップ革命」である。この名称は、ジョージアのバラ、ウクライナのオレンジになぞらえ、キルギスを代表する花であるチューリップから名づけられた。

他方、国外へ逃亡したアカエフは、一九九一年八月のソ連保守派によるクーデター事件の際、いち早く改革派のエリツィンを支持した人物である。欧米や日本では民主派として評価されていたが、長期政権のなかで独裁色を強め、腐敗を招いたとして世論の批判が高まっていた。

CISとウクライナ侵攻

二〇〇七年二月、プーチン大統領はドイツ・ミュンヘンで行われた安全保障会議において「米国の単独行動主義」を批判した。また、翌〇八年二月には、ロシアが支持していたセルビア共和国からコソボが完全独立国家となったが、それを支持したのは親欧米諸国に限られた。この直後、ルーマニアの首都ブカレストで開催されたNATO首脳会議で、ウクライナへのN

図2　ウクライナ領の変遷

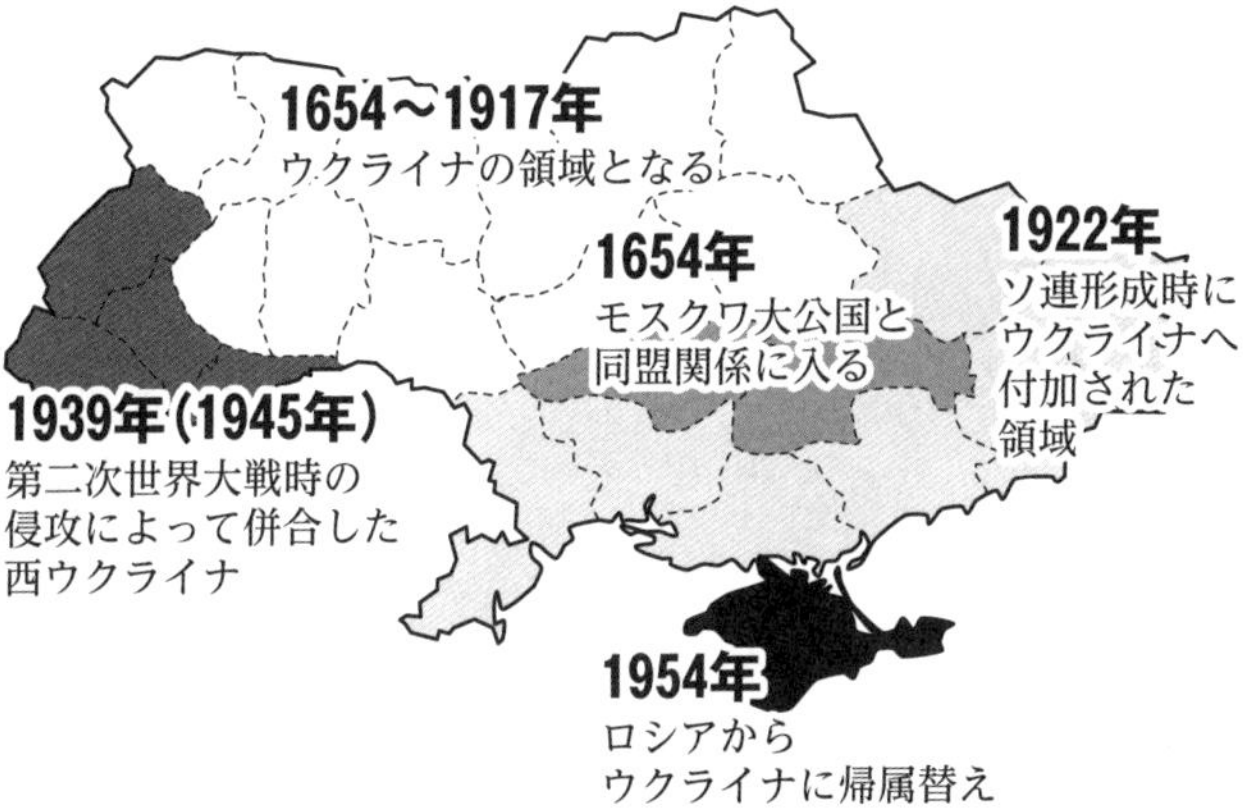

ＡＴＯ拡大の動きが出始める。この頃から、米ロ関係の緊張度合いがさらに増していった。

同じ頃、プーチン大統領が「ウクライナがＮＡＴＯへ加盟するなら、クリミア併合も辞さない」といった意向を示唆したと、『キエフ・プラウダ』紙が報じていた。報道は公式発言からは確認できないが、同じＮＡＴＯ拡大であっても東欧・バルト三国とジョージアやウクライナとではモスクワの関心はおのずと変わってくるということだろう。

ウクライナこそがＣＩＳ問題の最も先鋭的な争点となった。実際、二〇二一年七月の「ロシア人とウクライナ人の歴史的一体性について」という重要論文で、プーチンは恩師アナトリー・サプチャーク市長の「すべての決定は合法的でなければならない」、つまり「共和国をつくるには、一九二二年の連邦条約をいったん無効にし、まずは彼らが連邦のメンバーになる際の境界まで戻ってからの話になる」という持論を想起させた。

プーチンはこれを易しく言い換えた。一九九一年のCIS条約からウクライナが去りたければ、「もらったものを返してからにせよ」という主旨であり、この条約を認めないウクライナは、ドンバス地方もクリミア半島も「領土保全の対象ではない」というのだ。これこそがNATO加盟問題以来の両国の最大の問題であり、それが先鋭化した末に今回の戦争となっていることに注目したい。

再発したナゴルノ・カラバフ紛争とドローンの役割

その後も旧ソ連諸国では、周期的に政情不安が続いたばかりか、相互の紛争も勃発していた。二〇二〇年秋にはナゴルノ・カラバフ紛争も再発したが、これには独自色を強めるトルコの役割と西側諸国の影響力の低下も示していた。

ナゴルノ・カラバフ紛争は、一九二一年にスターリンの共産党組織が、アゼルバイジャン内にアルメニア人勢力によるナゴルノ・カラバフ自治州という飛び地を作ったことが混乱の始まりだった。この地域は、軍事的には強い兵士を生み、第二次世界大戦ではバグラミヤン将軍などを輩出した。ペレストロイカ期には、ゴルバチョフ周辺にアルメニア人学者が多く、彼らの影響で一九八八年に同地のアルメニア帰属を目指す運動が高まったのである（第一次ナゴルノ・

カラバフ紛争）。一九九二年一月には、ナゴルノ・カラバフ系住民が共和国（ナゴルノ・カラバフ共和国）の独立を宣言する。二〇〇六年にはアルメニアの在外ディアスポラが多いフランス・米国の仲介により分割統治されるが、二〇二〇年秋に紛争が再発する。

二〇年の紛争では影響力を増すトルコの支援に基づき、イスラム主義やチュルキズムのアゼルバイジャンが攻撃した。この第二次ナゴルノ・カラバフ紛争で、トルコやイスラエル製の軍用ドローンによるアルメニア軍戦車への攻撃が成功したことは、一種の軍事的革命となった。高価なミサイルではなく安価なドローンによる成功体験は、二〇一九年末から対ロ攻勢を狙っていたウクライナ軍のモデルになった。同紛争後、特異なNATO加盟国であるトルコの影響力は拡大し、その後のウクライナ危機でも戦争の仲介に関与していく。

カザフスタン騒乱と集団安全保障条約機構軍の介入

ウクライナ危機が重大局面にさしかかった二〇二二年一月はじめ、カザフスタンで突然、内戦的事件が起こった。これにロシアやアルメニアなどの集団安全保障条約機構軍が関与していく。カザフスタンではソ連末期から三〇年近く、ヌルスルタン・ナザルバエフがソフトな権威主義と言うべき統治体制をとってきた。ナザルバエフは二〇一九年三月に大統領を引退するものの、終身国家安全保障会議議長として権力の座にとどまり、代わりに六月の大統領選で当選した外交官出身のカシムジョマルト・トカエフが、いわば「技術的」大統領に就任した。ナザルバエフは、政権引退後の権力維持モデルとしてプーチン体制も注目してきたほどの人物である。

ノメンクラトゥーラ（エリート層）による民族化・民営化の安定支配と、欧米や中国との「全方位」外交で、いわば優等生扱いされただけに、突然のカザフスタン騒乱は世界を驚かせた。この危機克服にトカエフ大統領が招請したのが、集団安全保障条約機構軍であった。ソ連崩壊直後、カザフスタンは自国の独自軍創設と併せて、一九九二年五月にロシアなどとのあいだで集団安全保障条約を締結した。この集団安全保障条約は、二〇〇三年に集団安全保障条約機構へと改編される。カザフスタンと国境警備での共同歩調を進めた組織が、集団安全保障条約機構軍であった。集団安全保障条約が締結された九二年時点の加盟国は、ロシアをはじめアルメニア、カザフスタン、キルギスタン（現キルギス）、タジキスタン、そしてウズベキスタンであったが、二〇一二年六月にウズベキスタンが離脱する。その後、同機構が顕著な役割を果たしたことはほとんどなかった。

ところが二〇二二年初め、世界がウクライナ情勢に関心を払っているあいだに勃発したカザフスタン騒乱において、この集団安全保障条約機構が積極的な軍事的役割を果たした。ロシアの有力誌『エクスペルト』三号は、「第二のキルギス」「第二のウクライナ」を防いだと指摘する。カザフスタン騒乱は、イスラム主義とチュルキズムの色彩をまとった「カラー革命」の要素があったことを暗示していたのである。

ここでカザフスタン騒乱について詳述する。二〇二二年一月のガス価格の値上げを契機として、カザフスタン西部の反政府運動が暴徒化し、首都が突然無法地帯と化した。『エクスペルト』誌は「武装クーデターによる権力掌握」と特徴づけ、首謀者はシリアやイラクで訓練されたキルギス人かタジク人であると見ていた。このときの逮捕者は一万人を超えたという。

この騒乱に対してトカエフ大統領は、集団安全保障条約機構の平和維持部隊に支援を求めた。これを契機に、ロシアやアルメニア、ベラルーシなどからなる部隊がカザフスタンへ派遣される。この点について二二年一月一三日のロシア大統領府ホームページは、「ロシアと並んで重要な役割を果たしたのは、議長国を務めるアルメニアであった」と指摘した。これは先のナゴルノ・カラバフ紛争で、トルコの軍事的支援を受けたアゼルバイジャンに敗北して以降、ロシアの平和維持部隊と協力した成果と見られる。このとき、アンドレイ・セルジュコフ機構軍指揮官らロシア空軍空挺部隊をはじめ、アルメニア、タジキスタンの一四機の航空機が、その役割を果たした。もっとも一カ月後のキーウ空港奇襲では、カナダ軍指導下のアゾフ連隊の抵抗の前に、彼が武勲を挙げることはなかった。このような事件が頻発した理由は複雑だが、プーチン大統領はその背後に西側諸国の存在があり、彼らが支援する「カラー革命」を「容認しない」と明言した。こうしたプーチンの危機意識が西側にのみ向けられているのかは別として、プーチンはカラー革命、さらにその原因であるＮＡＴＯの東方拡大を安全保障上の脅威と見なし、二二年二月二四日にウクライナへの軍事侵攻を実行したのだ。

四月二七日にサンクトペテルブルクで演説したプーチンは、「外部から進行中の作戦に干渉しようとするなら、容認できない戦略的脅威であり、電撃的な対抗措置をとる。そのための手段はすべて揃っていて、必要であれば使用する」と、核兵器の使用をも辞さない構えを示した。

ちなみにエストニア、ラトビア、リトアニアのバルト三国は、一九一七年のロシア革命以来、独立を維持していたが、第二次世界大戦中の一九四〇年、スターリンによって併合される。これを認めなかった米国は、ニューヨークに亡命政府を設置した。そして八月クーデター後の一九九一年九月六日、エストニアとラトビア、リトアニアのバルト三国は、一九四〇年以前の国家体制を復活させる手続きで独立する。ＣＩＳとの関係は生じようもなく、またＮＡＴＯ加盟もポーランドに次ぐかたちで承認された。

カトリック系のリトアニアは、ウクライナ問題でもロシア批判の急先鋒だ。かつてポーランド＝リトアニア共和国だったこの国の隣には、ロシアの飛び地であるカリーニングラードが存在する。ここは、かつて哲学者イマヌエル・カントが住んでいた旧称ケーニヒスベルクであり、一七五八年から数年間、ロシア帝国領だった。『永遠平和のために』の書かれたこの地が、いまや核戦争の最前線に置かれることを知ったら、カントはなんと書いただろうか。

第六章　これからの安全保障体制

プーチン・ドクトリン

今回の「ロシアによるウクライナへの軍事侵攻」を予見するような論文を、ロシアと米国を代表する二人の政治学者が、二〇二二年初頭に公表していた。その二人とは、ロシアの外交防衛政策評議会の指導的学者で、プーチン大統領のアドバイザーも務めたセルゲイ・カラガノフと、米国でロシアの外交政策を専門とするジョージタウン大学教授のアンジェラ・ステントである。ともに「プーチン・ドクトリン（プーチンの基本原則）」という題名の論文だった。

二〇二一年一一月、プーチンは西側諸国がロシアの発する「レッド・ライン（越えてはならない一線）」の警告を軽視しているとの認識を示した。カラガノフによれば、プーチンの国際観が変貌したのは、二〇〇七年のドイツ・ミュンヘンにおける安全保障会議の演説においてであって、このとき米国の世界戦略に初めて異を唱えた。だが翌年、米国はウクライナとジョージアのNATO加盟を課題とした。

カラガノフによれば、今回のウクライナ侵攻とは「NATO拡大の対象であったウクライナを、二〇一四年クーデター（マイダン革命）以前の中立に戻す」ことを目指したものだという。その骨子は、「特別軍事作戦」という名の戦争により、米国の支配下にある世界秩序を「創造的に破壊する」ことであった。ちなみに、この「創造的破壊」とはコソボ紛争で米軍高官が使った言葉でもある。それはともかく、ロシア・エリートが利用しているのは、やや古臭い表現ではあるが英米の「アングロ・サクソン優位の世界秩序」に対し、場合によっては軍事力を行使してでも抵抗するということだ。

「多極世界」の出現

ロシア側の考え方としては、「冷戦後の米国による一極支配は終焉し、いまや世界は多極化している」ということだ。米国と中国、そして経済力こそ劣るもののロシアを加えた三国を極とする「多極世界」が出現した。こうした言説は「米国の一元的支配の時代は終わった」と見る米国の国際政治学者でシカゴ大学教授のジョン・ミアシャイマーの主張とも重なる。

ミアシャイマーは、「現実主義（リアリズム）」の急進的論者として知られる人物だ。ソ連史家E・H・カーの『危機の二十年』に序文を寄せるなど、対ロシア観ではパワー・バランスを重視し、NATOの東方拡大がプーチンを追い込んでいるとの立場を取る。

一方、アンジェラ・ステントは「プーチン・ドクトリン」論文のなかで、ウクライナ軍がトルコから提供された軍用ドローンを使ってミンスク合意Ⅱの対象であった二つの自称共和国（ドネツク人民共和国、ルガンスク人民共和国）を攻撃した二一年三月が、米ロ関係にとって明らかに転機となったと主張する。この論文は、二〇二二年一月の『フォーリン・アフェアーズ』誌で公表された。

プーチンの側から見れば、ＡＢＭ条約（弾道弾迎撃ミサイル制限条約）やＩＮＦ条約（中距離核戦略全廃条約）といった、ヨーロッパの安全保障の根幹をなす条約を、力を過信した米国が今世紀に入って一方的に破棄したという思いが根底にある。ＡＢＭ条約は一九七二年五月に米ソで締結された戦略弾道ミサイルを迎撃するミサイル・システムの開発・配備を制限した条約で、ＩＮＦ条約は一九八七年一二月にレーガンとゴルバチョフによって調印された軍縮条約である。両条約とも、それぞれ二〇〇二年、二〇一九年に失効している。

ウクライナがＮＡＴＯへ正式に加盟するということは、モスクワを攻撃するための最前線が近づいてくるということにほかならない。これに対して、一九九七年のＮＡＴＯ拡大以前の立場に戻るべきだ、というのがプーチンの要求だ。

先述したように、プーチン大統領とバイデン大統領によるオンライン首脳会談が、二〇二一年一二月七日に行われた。米ロ関係が好転するかと思われたこの会談において、バイデンは「ウクライナのＮＡＴＯ加盟に米国の国益はなく、米国は一兵たりとも送らない。ただし、ウクライナ国境に再び結集しはじめたロシア軍がもし侵攻したら、米国はロシアに対し経済制裁措置で臨む」とあらかじめ釘を刺した。

同年一二月一七日、ロシアは緊張緩和に向け、新たな米ロ間の安全保障条約案を提案する。しかし、「ウクライナのＮＡＴＯ加盟を行わない」との条文化は米国やＮＡＴＯに拒否され、翌二二年一月末までに挫折してしまう。

こうして第一章で述べた「危機の一三日間」を経て、プーチンは二共和国（ドネツク人民共和国、ルガンスク人民共和国）の独立承認とウクライナの非軍事化・非ナチ化・中立化を求め、「特別軍事作戦」という名の戦争を開始した。この特別軍事作戦に関する演説でプーチンは、ウクライナの極右、ネオ・ナチ勢力の浸透を防ぎ、NATOの軍事インフラ設置を許さない、つまり「非軍事化」が課題だと明示している。

ミンスク合意Ⅱを支持していた欧州勢からもいったんは見放されたゼレンスキー大統領は、二月半ばのミュンヘンで行われた安全保障会議の演説でウクライナの核保有まで暗示した。ウクライナの中立化と非核化、領土保全を約束した一九九四年の「ブダペスト覚書」は、もはや機能していないというのだ。

今回のウクライナへの武力侵攻で、プーチン大統領は真っ先にチョルノービリ（チェルノブイリ）などの原発を占拠させた。一九八六年の原発事故以来、原子炉の廃炉作業と石棺（四号炉を覆うコンクリートの建造物）の管理が行われているチョルノービリには、核兵器の材料となるプルトニウムがあるからだ。プーチンは、「ロシアとしては、ウクライナが核兵器を保有することは許さない」と開戦時に表明した。

戦争終結への道筋

国連憲章は第二条四項で、国際関係において「武力による威嚇または武力の行使」を慎むよう求めている。今回のロシアによる侵略行為は明らかに国連憲章違反で、プーチン大統領を含む責任者を強く非難することは言うまでもない。さらにプーチン大統領は核の使用まで口にしており、これを許すわけにはいかない。これがプーチンの軍事侵攻に対する国際社会の理解の仕方であった。

では、停戦をはじめとする一刻も早い戦争終結への道筋を、どのようにつけるべきなのか。双方とも、ロシアの短期介入が失敗した時点で、中長期戦に備え出したのと同時に、停戦交渉に備え出したというのが、この戦争の不可思議な一面かもしれない。

米大統領が拒否した以上、ウクライナの正式なＮＡＴＯ加盟は難しく、いったん中立に戻るしかない。戦争直前、ウクライナ政府周辺からも、この中立カードが提示されていた。作戦遂行と停戦交渉は、いわば同時進行となった。

ウクライナ側は停戦交渉団を、開戦直後の二月二八日に結成していた。与党「国民の奉仕者」のダビド・アラハミアを団長に、国防相や顧問が交渉団に入った。ロシア側も大統領補佐官で元文化相のウラジーミル・メジンスキーを団長とした代表団が結成された。

早い段階から停戦交渉は行われた。およそ三〇年前の独立交渉の場であったベラルーシのベロヴェーシの森で始まり、オンラインも兼用しながらロシアとウクライナは交渉を進めていく。

もっとも二二年三月九日にロシア側は交渉条件をつり上げ、クリミア半島をロシアが領有することの承認を求めた。ロシア側がこの問題を、おそらくコソボ承認問題との国際取引というカードとしてではなく、二〇一四年以来のウクライナ問題の決着の場と位置づけし直したものと思われる。

実際、三月にはクリミア問題の一五年棚上げという外交解決案が浮上した。また、東部ドンバス地方の戦略上の要衝マリウポリにロシアが進んだことから、ゼレンスキー大統領も「ウクライナの中立」という妥協案に傾いた。

バイデン大統領の失言

この間、ロシア国防省もまた、進捗のない北部大都市攻略を断念する。さらに三月二五日には「軍事作戦の第一段階」の終了を宣言し、首都キーウへの攻撃を中止している。

二週間近く公の場にほとんど姿を現さなかったロシアのセルゲイ・ショイグ国防大臣がその役割を演じたのは、作戦が開始されてから一カ月が過ぎた頃だった。本来の開戦目的である、ドンバス地方の東部二州に攻撃の重点を移行したときで、おそらくキーウでの市街戦に消極的であったからだと思われる。首都キーウでの市街戦は、ブリャート・モンゴル系出身のショイグ国防相にとって強く思うところがあったのだろう。一九四一年のヒトラーによる攻略以前にこの聖都を破壊したのは一三世紀、チンギス＝ハンの孫バトゥであった。

さらに三月二九日に行われた交渉は、トルコのレジェップ・エルドワン大統領が参加したこともあり、より前進したかに見えた。トルコが提示した「クリミア半島や東部二州問題は一五年ほど先送りし、ウクライナ側も攻撃を控える」というのは、妥協案としては悪くなかった。

しかし、敵失を目の当たりにした米国政府にとって、この時点でのロシアとの停戦は望ましいものではなかった。ウクライナに軍事基地を置かず、さらに軍事演習にはロシアを含めた合意が必要という「中立」案は、ロシアとの妥協であるとして、バイデン政権には不満であった。他方、ロシアの外相セルゲイ・ラブロフは「現実主義」であると評価し、『ニューズウィーク』のウイリアム・アーキンも、もはや和平案はできているが、ただバイデン政権はこれに気づいていないと、ワシントンの非妥協性を間接的に批判した。早期交渉を断念させたバイデン大統領だが、彼は二二年三月二六日に行われたポーランドでの演説で、「（プーチンは）権力にとどまるべきでない」と、プーチン体制の打倒を「失言」する。

四月二五日にはロイド・オースチン国防長官が米国の目標について、「ロシアが、ウクライナ侵攻のようなことをできない程度に弱体化することを望む」と述べた。さらには、フィンランドやスウェーデンのＮＡＴＯ加盟論も出はじめ、ロシアが感じる安全保障上の脅威は侵攻前よりも増してきた。

前ロシア大統領のメドベージェフ安全保障会議副議長は、「両国が加盟すれば、国境防衛の強化が必要になる」と牽制するなど、新たな紛争のリスクが北欧地域で生じる可能性も否定できない。冷戦に勝利した米国の党派的利益を背景とするNATOの拡大政策は、ついに最悪の国際的事態を迎えてしまったといえる。

独ソ戦終結から七〇年以上が経過し、前世紀の戦争の記憶はロシアやウクライナの人々から失われつつある。そうしたなか、ソ連崩壊から約三〇年を経て、旧ソビエト圏の「帝国の亡霊」が呼び起こされた。

プーチンがゼレンスキー大統領率いるウクライナに「ネオ・ナチ」の影を見れば、ゼレンスキーはプーチン大統領のなかに民主主義とは相容れない「ファシスト」の足音を感じる。

また、四月には東部の要衝マリウポリをめぐり、アゾフスターリ製鉄所に立てこもった「ウクライナのネオ・ナチ」ともいわれたアゾフ連隊と、ロシア側の民間軍事会社ワグネルやチェチェン・カディロフ派が死闘を繰り広げた。それはあたかも、独ソ戦におけるスターリングラード製鉄所での市街戦を想起させた。取り残された市民を双方が人質に取る惨劇を目の当たりにし、このときは国連事務総長も人道的な関与を行った。

現在のウクライナ情勢

二〇一九年四月、ゼレンスキーはイーホル・コロモイスキーというオリガルヒの支援を得て大統領に当選した。大統領選の期間中、西側寄りのポロシェンコ政権を批判していたゼレンスキー大統領だが、就任して間もない一九年末には対ロ戦争も辞さない「ネオ・ナチ」的圧力に屈し、ミンスク合意Ⅱの履行を断念し、仏独をいたく失望させた。それでも、クラフチュク元大統領を起用し、ロシアのウラジスラフ・スルコフ失脚後にウクライナ問題を担当したドミトリー・コザク大統領府副長官とのあいだで、「ミンスク合意Ⅲ」の交渉を立ち上げた。しかし、この交渉も進展することはなかった。

当時の在ウクライナ日本国大使・倉井高志によれば、ゼレンスキーは同年秋にNATO加盟へと大きく傾いていく。二一年三月には二共和国やクリミア半島への軍事ドローンを利用した攻撃計画が進められた。これがプーチンを刺激し、ロシア軍の大動員を招いてしまう。

その後もゼレンスキー大統領は親露派政治家を逮捕、さらにテレビ局を閉鎖するなどして人気が低落する。二一年六月には不支持率が支持率を上回り、一二月には六割が不支持、クーデターまでもが噂された。二〇二二年はじめには、仏独もバイデン政権も「ゼレンスキーはロシアの軍事侵攻情報に耳を貸さない」と見放した状態であった。

しかし、二二年二月二四日のロシアの侵攻とともにゼレンスキー大統領は変容した。じつは、侵攻当初のロシアの攻撃は、米軍がバグダッドを二〇〇〇発のミサイルで空爆した「二〇〇三年の米国イラク攻撃のお粗末なコピー」(『ノーバヤ・ガゼータ』ラティニナ記者)だった。当初キーウなどの都市への攻撃を政権は予期しなかったが、軍やアゾフ連隊の空港などでの善戦もあり、先の記者の表現を借りると「わずか四日で」威信を取り戻した。

在外公館がリビウへ退去するなか、キーウに踏みとどまって指揮する彼の姿は世界中で報道された。ゼレンスキー大統領の支持率は九〇%に急増、情報戦により世界的ヒーローへと仕立て上げられていく。ウクライナ外相のクレバと国防相オレクシー・レズニコフによる親NATO路線は、時に顧問たちのロシアとの交渉路線とぶつかった。あるいは、そういう分業体制があったのかもしれない。

もっとも、軍事や武器の支援に関しては欧米頼みであった。ロシア側が態勢を立て直してからの「第二局面」、つまり東南部に集中した陣地戦では膠着した消耗戦となり、五月には一進一退が続いた。この間、南部アゾフ海に臨む製鉄都市マリウポリをめぐる死闘が続いた。しかし、ウクライナ側の抵抗の中心であったアゾフ連隊が降伏すると、次第にウクライナ側の劣勢が伝えられるようになっていった。

二二年六月はじめには一日「六〇～一〇〇人」(ゼレンスキー大統領)程であったウクライナ軍側の死者も、二〇〇名以上(負傷者は五倍)と彼の顧問が引き上げるほど、体力的に劣るウクライナ側の苦戦が続いた。ゼレンスキー大統領は、欧米の榴弾砲や新型ロケット砲といった新兵器を求めるが、これらを扱うには訓練が必要だ。また、二〇二二年四月に米国で成立したレンドリース法（武器貸与法）による米国の武器支援は、もちろん永年にわたるローンとなる。西側の武器支援をひたすら求めるゼレンスキーの叫び声に、時に西側の記者からも「提供された武器の行方がまったくわからない」といった批判的コメントが混じり出した。

戦争の決着の仕方にもよるが、東部二州からヘルソン州あたりまでもが事実上ロシアの支配下に入るとウクライナの産業基盤は大幅に失われ、ますます内陸の農業国へと変化していく可能性が指摘されよう。二二年六月末のEU首脳会議でEUの加盟候補国に一致して推薦されたことは朗報だったが、NATOメンバーとなるとトルコのように長年希望しても入れない国も存在する。基準が厳格な同組織の正式メンバーとなれるかどうかの判断には、おそらく時間がかかるだろう。

将来の停戦シナリオ

当面の問題となってくるのは、停戦から平和条約締結への道筋である。妥協と停戦への要求は、二二年五月のローマ教皇、ダボス会議でのキッシンジャー、また五月一九日の『ニューヨーク・タイムズ』社説などがそれぞれ提起した。フランシスコ・ローマ教皇がNATO問題とも絡ませながら二度にわたって発言したことは、カトリック系大統領のバイデンには響いているることだろう。

なかでも米国クインシー研究所の英国人ジャーナリストのアナトール・リーベンは、多くの地域紛争に関わってきた研究者であるが、今回の紛争についても論文を公表し、「プラグマチックな妥協」の方式を探ってきている。このような研究自体はワシントンが先行しているが、ヨーロッパはまだ分裂気味だという。彼らの考察をもとに考えた筆者の意見を述べる。

停戦問題で中心となってくるのは、どの線で双方が合意するかだ。ウクライナ側でも欧米側でも、この点は現実主義と原理主義とが交錯している。

ウクライナの抵抗を最も歓迎するのは英国政府だ。二二年七月に辞任する以前の英国首相ボリス・ジョンソンや、前外相で新首相のリズ・トラスは、クリミア半島やドンバス地方からのロシア軍や傭兵の完全撤退を要求していた。つまり、ウクライナを二〇一四年以前の状態に戻すということだ。

国境線を尊重し、そこまでロシア軍を追い出すというのが英国の目的だった。しかし現実的に考えると、この可能性は低い。現在、ウクライナに侵攻したロシア軍が東南部で攻勢を強めていることは捨象しても、そもそもドンバス地方のロシア人やロシア語話者たちは、ソ連期はもちろん帝政ロシア時代から、歴史的にこの地にコサックやロシア人として住み着いてきたという経緯があるからだ。一種の土着的抵抗で、それをウクライナ軍の反テロ作戦でも一掃することができなかったから、八年間の紛争となったのである。

また、ソ連・ロシア連邦期を通じて、クリミア半島とその戦略部隊が、ウクライナ単独の支配下にあったことは一度もない。つまり現在の混乱した状況は、二〇一四年二月のNATO加盟支持勢力がもたらしたクーデターからはじまっているのだ。本当に二〇一四年以前の状態に戻すことを求めるのであれば、強硬派に転じたメドベージェフ前大統領は「核兵器の使用をためらわない」と警告している。

一方、ゼレンスキー大統領がいうような、「二月二四日以前の状態に戻す」ということも、前者よりは現実的な要求ではあるものの、これも実現できる可能性は低い。開戦六カ月時点でのロシア軍の占領地域は、二月二四日時点の二倍以上、全土のおよそ二割にまで広がった。とりわけ八月末にはルガンスク州が完全な統制下にあり、ドネツク州も三分の二以上制圧している。これにヘルソン州やザポリジャ州といったロシア軍が優勢な地域を加えると、ロシア側主導の「ノヴォロシア共和国」ができていることになる。

先述したように、二〇二一年七月のプーチン論文は、ウクライナがCISを離脱するとしたら、一九二二年のソ連邦形成条約も無効となり、それ以前の領土に戻るべきことを条件としている。つまり、このときはロシアだったクリミア半島だけでなく、ドンバス地方やノヴォロシアも「もらったものを返す」べき交渉対象だということだ。明確な修正主義の要求だが、事実、ロシア大統領内政局のセルゲイ・キリエンコ第一副長官は、六月初めにこの占領地へ入り、梃子入れを行っている。ちなみに、ロシアの主権記念日である六月一二日、彼の執筆した論文が政府系新聞に「誤って」掲載されるという事態が起こった。早くも後継レースに名乗りを上げたともいわれているが、彼に対する反対派の動きだったのかもしれない。

ロシア側が二月二四日以前の線に戻ることは不可欠

停戦交渉は和平交渉と同じではない。情報戦では有利であったゼレンスキー政権といえども、戦場で次第に有利となったロシア側との妥協を、どこかの時点で強いられることになる。もちろん停戦協定は、たとえ国連などの監視団があったとしても、破られる可能性が常にある。ましてや平和条約交渉は余計に難しく、朝鮮半島のように数十年間締結されないこともあり得るだろう。

いずれにしても、停戦条約はウクライナ側から提起する必要がある。バイデン大統領は二二年五月末に米紙上で「領土の譲歩」について論及しているが、「ウクライナのことはウクライナが決める」のであって、外部が停戦条件を押しつけることは難しい。ウクライナ政権内部も対立しており、年内の停戦を望むゼレンスキーと、「完全勝利」を求めるクレバ外相とのあいだに横たわる溝は埋まってない。南部での反抗をめぐっては大統領と総司令官の対立があり、大統領の盟友イワン・バカノフ保安局長らも解任されている。

それでも停戦条件として、ロシア側が二〇二二年二月二四日以前の線に戻ることが一つの基準となろう。それ以外の選択肢は、ウクライナ政府にとって自殺に等しい。同国にもはや海軍がない以上、クリミア半島をウクライナが押さえるには米軍に頼るしかないが、これは不可能だ。

ロシア軍の当初の「弱さ」も専門家には驚きであった。侵攻開始から六カ月も経ちながら、まだ二州も完全には押さえていない。欧米の専門家のなかには、大騒ぎしてフィンランドなどをNATOへ取り込むまでもなかったという意見も出たほどだ。アナトールの兄で歴史学者のドミニク・リーベンは、クリミア問題は国連監視による投票での決着を示唆するが、これはコソボの承認問題との取引という可能性もある。

停戦条件の第一の問題はウクライナの中立化だ。これについては、すでにゼレンスキー大統領は事実上開戦直後に受け入れ、バイデン政権も原則了解している。この問題とリンクしているのが、フィンランドとスウェーデンのNATO加盟だが、これに関してはトルコがクルド問題との取引の可能性を示唆していた。実際はG7会議時に、バイデン大統領がエルドワン大統領と関係国に話し、トルコの軍事支援の条件を呑む形で決着するだろう。

第二の問題は、「非ナチ化」での極端な立場の放棄と自立だ。実体的には、この問題の根底にあるのは、ミンスク合意を妨害したウクライナ民族右派勢力と在外ディアスポラの圧力だろう。これについても、マリウポリの「ネオ・ナチ」派の投降で、事実上処理されたと見ることもできる。

第三の問題は非軍事化であるが、これは戦況いかんということになる。西側から調達した兵器の戦線への送達がどうなるか、そして東南部に集中して盛り返したロシア側と、これに対抗するウクライナの「反撃」次第といえる。

ロシア・プーチンが今後目指すもの

この戦争を通じてプーチン・ロシアは総動員令を出すことを控え、一応「特別軍事作戦」の枠内で戦争を遂行している。他方、米国は核戦争を回避するとの名目で直接の参戦を避けたが、ウクライナへの軍事力支援を惜しむことがない。また、二二年三月末のトルコの仲介による中立化を、妥協的だとして受け入れなかった。

バイデン大統領は戦争犯罪者のレジーム・チェンジを目指し、ウクライナの反撃を支援する。先述したように、オースチン国防長官は虐殺報道をきっかけに、「ロシアが、ウクライナ侵攻のようなことをできない程度に弱体化することを望む」とまで発言するなど、米国の関与の方針を示している。

もっとも経済制裁を手段とした欧米の目的は、短期的にはエネルギー価格の高騰をもたらし、逆にロシア戦時経済を勢いづけた。また、ロシア中央銀行がエネルギー資源の支払いをルーブル建てで行うよう要求するなど、一時期八割まで低落していたロシアの通貨だが、いまや開戦前より高く、二二年六月の時点で一ドル＝六〇ルーブルを切っていた。欧米による経済制裁はあまり効いておらず、さらにインドや中国、ブラジルやインドネシアなどは制裁自体にむしろ消極的だ。数年ほど前から常態化していることではあるが、G7が協力し合うとBRICS諸国の結束がますます強まるなど、自由主義国と専制国・権威主義国との二極分化の傾向が激しくなっている。二〇二二年一一月に行われるトルコやインドネシアなども含めたG20首脳会議は、ウクライナ戦争を契機とする脱グローバル化の意味を探る試金石となろう。

ロシア国内の「戦争」報道

戦争をきっかけに、ロシア国内でZ革命を標榜する民族右派の潮流が強くなっていると言われるが、必ずしもそういうわけではない。確かにウクライナ侵攻後、二〇万～三〇万人規模の大都市リベラル層を中心に、ロシアからの出国が相次いだ。ロシアでは聖職者が三〇〇名ほど抵抗の意思を示し、二二年七月になるとウクライナからの攻撃があったベルゴロドの府主教が双方へ平和を求めた。だが、ロシアのメディアが特別軍事作戦を「戦争」と報道すると偽情報とされることもあり、国内の抵抗はいまのところあまり見られない。リベラルなメディアが抑圧され、一部は独立系メディア『ノーバヤ・ガゼータ』のように海外へ拠点を移した。

他方、体制エリートの本流というべき外交防衛政策評議会などは愛国派に軸足を移し、ロシア本流派の立場を示している。ギリギリの国際協調的立場を維持してきたバルダイ・クラブのアナトリー・ルキヤノフやモスクワ・カーネギーセンターのトレーニンらも、対NATO強硬派となり、西側のロシア潰しに抵抗して近代化の必要性を説いていた。

在外系メディア「メドゥーザ」の報道によれば、権力中枢について平和党、戦争党、そして待機的立場の分岐があるという。なかでもキリエンコ大統領府第一副長官の指揮する内政局は、東部ドンバス地方のロシア化に向けた工作において中心的役割を占めている。一方、同局の別の記事では、キリエンコとソビャーニンの後継問題に絡んだユニークな情報を発信している。

今回のウクライナへの軍事侵攻後、プーチンへの支持率は明らかに好転している。ロシアのリベラルな世論調査機関レバダ・センターによれば、プーチンの支持率は戦争開始から愛国的な支持層に支えられ、二〇二二年六月の段階で八三％になった。これを受け、二〇二四年に行われる大統領候補としてのプーチンの支持率は、七二％にまで跳ね上がっている。もっとも若年層の支持率は、それほど高くもない。

さらに変貌する国際政治地図

欧米諸国は今回のロシアの軍事作戦に対し、あらかじめ経済制裁で臨むといってきた。これはSWIFT（国際銀行間通信協会）からの締め出し、エネルギーの禁輸などを指すものの、実際には平和共存から西ドイツのオスト・ポリティーク（東方政策）を経て、デタント（緊張緩和）、ペレストロイカ（再構築）と拡大深化してきた東西間の「市場的」相互依存関係を逆に武器化、つまりこの関係を制約することで政治目的化するものであった。

よくいわれるように基軸通貨、共通言語（リンガ・フランカ）、通商と自由貿易とは、海軍力と並んで、地政学的には海の超大国がソフト・パワーを発揮するためのツールとなってきた。一九世紀のパクス・ブリタニカから、大戦間期のパクス・アングロ・サクソニカを経て、戦後のパクス・アメリカーナに至るまでこの鉄則は変わっていない。

もっとも基軸通貨であるドルを例にとっても、ベトナム戦争によってドルの権威が没落し、管理通貨制度を生み出した。その後、一九七三年のオイルショックを通じて、米国はサウジアラビアと組んで世界最大の商品である石油をドルに結びつけ（ペトロダラー体制）、共産主義国である旧ソ連をも、このグローバルな体制に巻き込んでいった。

米国が産油国と組んだことによる一九八五年の石油価格の低下は、ソ連崩壊に向かって明らかに作用した。もっとも二一世紀になると、基軸通貨としてのドルの威光は揺らぎはじめる。

世界の外貨準備高に占めるドルの比重は、この二〇年間で七〇％から六〇％へ低下した。今回、SWIFTを利用してロシアに制裁を課したことは、ドル離れをいっそう加速させよう。またロシアのオリガルヒの金を西側に移すことを妨げ、結果的にはロシア回帰を促してしまい逆効果となった。

こうした歴史から、プーチン・ロシアは様々な教訓を学んでいた。バイデン政権は、国内でのシェールガス革命の成功もあり、石油禁輸によって独ロへ揺さぶりをかけた。しかし、そのことが原油価格を高騰させ、当局者が想像しなかったかたちでロシアに大きな利益をもたらしてしまった。ロシアへの制裁措置も米欧間で一枚岩とはいえず、ハンガリーやトルコはロシアから輸入する天然ガスの取引代金をルーブルで支払う方針を明らかにした。また、二二年六月末のG7首脳会議に招かれたインドは、そもそも制裁措置に参加していない。

G7首脳会議

こうしたなか日本の岸田文雄政権を含めた西側首脳は、二〇二二年六月二六～二八日にドイツのエルマウでG7首脳会議を、その後は二九～三〇日にスペインのマドリードでNATO首脳会議を開催した。ある新聞は、その内容について「ウクライナ疲れのなかのG7の統一」と評価した。実際、バイデン大統領はロシアへの制裁を緩めないようG7の結束を促したが、現実はそう簡単にはいかないようだ。首脳会議を前に独仏伊の首脳クラスがキーウを訪問し、ウクライナの情勢を深く分析したことからもわかるように、むしろ妥協的解決を図ろうとした跡がうかがえる。

G7では米国が提案した石油高額上限制度や金の輸出禁止は、ともに採択されなかった。そのことは、背後で行われた米欧間の綱引きを暗示している。事実、バイデン大統領は記者会見もなしにミュンヘンを離れた。

紛争の長期化に対する懸念は、いまや世界経済から国際政治に広がっている。ウクライナからの穀物供給の停滞で、アフリカや中東などでは食料不足の懸念が高まる。先進国とくにヨーロッパは暑い夏から寒い冬までを、高騰するエネルギー価格のもとで過ごさなくてはならない。インフレの急騰により、独仏は地方選挙で与党が敗北し始めた。

NATO首脳会議

二〇二二年六月末にマドリードで開かれたNATO首脳会議では、すでに決まったことを確認したに過ぎなかった。このNATO首脳会議が行われた会場は、二五年前にNATO・ロシア協議会が初めて開かれた場所でもある。しかし今回の首脳会議の論点は、ロシアが一〇年前のパートナー関係から「最も危険な脅威」に格下げされるというものであった。今回のNAT

O首脳会議について、一九九五年から九九年までNATOを仕切った平和主義的左派のハビエル・ソラナ元事務総長も、「ロシアを直接の脅威とし、冷戦期の三〇万人即応体制へ戻すという陰鬱たる光景であった」と評したという。

このNATO首脳会議を指して、昨年末にノーベル平和賞を得たが今回の戦争で海外に追放された独立系メディア『ノーバヤ・ガゼータ』のムラトフ編集長は、「希望と、幻想、そして平和的緊張緩和の時代の終わり」と表現した。同賞を与えたのはノルウェーのノーベル賞委員会だったが、NATO事務総長は同国の元首相であった。

BRICS会議

それに先立ち、プーチン大統領は六月一七日にサンクトペテルブルク国際経済フォーラム、そして六月二三日にはビデオでBRICS首脳会議に臨み、世界の多極化が進展しているのに西側が経済制裁で金融的な締め付けを行っていることを批判した。またトルクメニスタンの首都アシガバートには直接足を運び、ガス産出国のトルクメニスタンや、イラン、アゼルバイジャンといったカスピ海諸国の結束を訴えている。しかし、その将来は停戦次第である。その際、カザフスタンのカシムジョマルト・トカエフ大統領がサンクトペテルブルク国際経済フォーラムでプーチンを批判した。プーチン流にウクライナの二州独立を認めることは、世界に五〇〇以上の国家が生まれることだと牽制していたことは重要であろう。

日本との関係性、日本が取るべき選択肢

ウクライナ戦争から日ロ関係を考え直すと、見えてくることがある。何より重要なのが、一九九七年の橋本龍太郎政権による、「東側からのユーラシア外交」の国際的な立ち位置だ。「東側から」という判断をするのに、おそらく日本の外務省のロシアン・スクールが考えたのは、「NATOの東方拡大」路線の決定という西側の事情だ。実際二〇〇〇年の『世界週報』インタビューで橋本元首相は、一九九七年三月にクリントン大統領との電話で、ロシアのG8入りとNATOの東方拡大が一体のものとして決まったと明かした。そして橋本対ロ外交が出発する。

もちろんクリントン政権は、ウクライナとロシアの軍事的対立までは想定しておらず、NATO+ロシアという枠内のことであった。デンバー・サミットでのこの方向提示に反応したなかには、日本の通商産業省（現・経済産業省）のエネルギー関係者も含まれていた。七月に行われた橋本元首相の経済同友会での演説は「信頼」「相互利益」、そして「長期的視点」がキーワードになった。その後、橋本元首相が回想したように、西側でのクリントン政権のNATO東方拡大を東側で緩和し、日本の投資をユーラシアへつぎ込むという構想もあり得た。

一九九七年に当時の橋本龍太郎首相とボリス・エリツィン大統領とのあいだで行われたクラスノヤルスク首脳会談を経て、翌年春に行われた川奈首脳会談で、丹波實外務審議官らによる「四島の国境画定提案」が含まれた。小渕恵三首相もこの路線の継承者だったが、これはロシアの金融危機もあってエリツィン急進改革路線とともに崩壊した。また、ソロスなどと組んで、一時期権勢を誇ったオリガルヒのベレゾフスキーの要因もあったであろう。

それでもエリツィンの後継者であるプーチンが、修正を加えた市場路線を歩むことは明らかだった。プーチンが二〇〇〇年九月の訪日時から、一九五六年の日ソ共同宣言は有効と言っていたことともつじつまが合う。

これを受け止めた当時の森喜朗政権は、小渕政権が定めた一九五六年宣言に基づく共同経済活動と、国境画定を二本柱とする方針へと転換した。しかし、日本ではジョン・フォスター・ダレスなど米国政府の圧力下で作られた五五年体制以降、「北方領土＝四島」はある意味、戦後の神話となっていた。そして新路線を追求しようとした鈴木宗男の事件が生じる。

日ロ関係が独自に発展する余地は狭い

それでも日ソ国交回復五〇周年前後から、「日ソ共同宣言」路線を目指して政界が動き出した。これは鳩山一郎の孫でもある鳩山由紀夫民主党政権の誕生、そして東日本大震災を挟んで日ロ関係を強める方向に動いた。ロシア側でもシベリア・極東開発の必要性から、二〇一二年のAPEC（アジア太平洋経済協力）ウラジオストク会議、そして東方経済フォーラムというかたちで、東方進出による相互依存関係の模索があった。

二〇一二年は大統領へ復帰したプーチンに対して、オバマ政権時代のバイデン副大統領など米民主党によるタンデムの分断という高度な対ロ政策が行われていた。そうしたことは当時ほとんど知られていなかったが、この直後にプーチンの「引き分け」発言という対日方針が提起されたことは決して偶然ではない。これに呼応したかのように、第二次安倍晋三政権が誕生した。これにより、日ロ関係の水準向上を図るかに思われた。

しかしその後、オバマ政権内でヌーランド国務次官補といったNATO拡大のネオコン派が勢いを増していく。そして二〇一四年二月に、マイダン革命が起きた。

二〇一四年二月のソチ五輪には、安倍元首相など「東側の」要人しか開会式に出席しなかったことは象徴的であった。一四年のクリミア併合直後に、ロシアはG7から追放され、以降親NATO派とプーチン・ロシアとの暗闘が「新危機の二〇年」とでも言うべき局面を迎える。橋本龍太郎元首相に始まる日本の対ロ外交は、クリミア併合とG7からのロシアの追放で岐路に立たされた。

米国のトランプ政権誕生による孤立主義も、こうした傾向をさらに強めていった。トランプ政権は当初こそ対ロ関係に一定の関与を示したが、中国脅威論に傾き始める頃からロシアとの関係が次第に遠ざかっていく。西側のメディアには、「ロシアは権威主義、プーチンは悪魔」という情宣活動が広がっていった。

日ロ関係は、二〇一八年がある種の分岐点であった。米ロ関係が最悪に向かうなか、一一月に安倍晋三政権はシンガポールで、「一九五六年の日ソ共同宣言を基礎に」というカードを切った。しかし、このとき米ロ関係はどん底だった。

日ロ平和条約とは連合国との戦後処理の最終章と言える。米ロ関係が悪化していくなか、日ロ関係が独自に発展する余地は狭い。

もっとも、これはそれぞれの国内事情も絡んで、すんなりとは決まらなかった。二〇二一年一〇月一九日、プーチン大統領は岸田政権を安倍路線の継承だと言い、日ロ関係改善に期待を寄せた。これは筆者の質問に対してプーチンがオンラインで答えたのだが、考えるとこれがプーチン・ロシアの対日関係改善への最後の燭光だったのかもしれない。

二〇二二年春、二月二四日に始まったウクライナ軍事侵攻とともに、岸田政権はロシアへの経済制裁を掲げた。岸田首相はそれまでも外相として米ロ関係の悪化を見てきたので、判断にブレはなかった。岸田政権の外相となった林芳正は対中関係への配慮を示してきたが、ロシアに対しては未知数だった。一方、萩生田光一経産相（当時）は、エネルギー部門での制裁には慎重な姿勢を見せていた。

プーチン大統領は、日本の「ウクライナ情勢に関する一方的で非友好的な関係」、つまり対ロ制裁とNATO傾斜を敵対行為と見なした。制裁への対応をエスカレートさせ、二二年三月二一日には平和条約締結交渉の中断と、ビザなし交流の停止、共同経済活動からの撤退を表明する。二二年五月四日には岸田首相、林外相ら政府・与野党の政治家・知識人を含む六三名を入国禁止処分にした。このことは、日ロ関係の相互依存関係が岐路に立たされていることを示している。

原点から見直す関係

このような危機に、日本はどう対応すべきなのか。近年、インド洋と太平洋が政治的にも経済的にも、また安全保障の面でもつながっていることから、「インド太平洋」という地域概念が唱えられるようになってきた。そうしたインド太平洋時代にあって、筆者はロシアにとってのクリミア半島の重要性に関心を寄せている。

一八世紀にユーラシア大陸とアメリカ大陸は別だと発見したのは、ベーリングというデンマーク人の探検家であった。それ以降、ロシア帝国が北米との関わりを持つようになり、やがてアラスカもロシア帝国の一部になった。アメリカのサンフランシスコ周辺には、いまでもフォート・ロスだとかロシアン・バレーとか、ロシア人絡みの地名や記録が残る。

また、ロシアがアラスカを経営するためにつくった露米会社というものがあり、この人たちが一八世紀末から日本周辺に出没するようになる。なかには一九世紀初めに択捉《えとろふ》にまでやってきて狼藉を働いたことから露寇《ろこう》という言葉も生まれた。

これが幕府や東北諸藩を驚かせ、日本が開国をするにあたって一つのポイントになった。択捉の事件から半世紀後、ロシアのエフィム・プチャーチン提督とアメリカのマシュー・ペリー提督が、つまりロシアと米国がほとんど同時に江戸幕府に開国を促した。一八五五年前後のことだが、これは当時の世界情勢を動かす陸の帝政ロシアと、パクス・ブリタニカとも呼ばれた海の超大国・英国とがぶつかり、クリミア戦争が起きていたときだった。

プチャーチン提督は英国・フランスの連合国の追跡をかわしながら、日本の徳川幕府との開国交渉を下田で、このときは文明的に行った。ペリー提督もまた、ほぼ同時に日本へ開国交渉に訪れた。これがおそらく日本人の新しい世界観、明治以降の近代化を促したといえる。

この時代、クリミア戦争の勝利により、パクス・ブリタニカという英国主導のシステムが完成した。つまり世界の七つの海を英国艦隊が自由に航行し、マンチェスターでつくられる繊維製品が世界の市場を席巻、そしてトマス・クックのガイドブックを見れば世界中を旅行できた。時間の管理はロンドンのグリニッジ天文台が基準に、英語はリンガ・フランカ（共通語）となった。

ロシアの脅威については、軍事以外はそれほどのことではないということが、当時わかってきた。その後、英国や米国のモデルではなく、プロイセンの富国強兵モデルが、明治政府の選択した道となる。

時代が飛び、一九四一年六月にナチス・ドイツが条約を破ってソ連を突如攻撃したことにより、第二次世界大戦の第二幕がはじまった。英国のウィンストン・チャーチル首相と米国のフランクリン・ルーズベルト大統領が、一九四一年八月に大西洋憲章を出し、これにソ連のヨシフ・スターリン首相も加盟する大連合ができあがった。この体制が第二次世界大戦の勝利から冷戦、そして今日に至るまでの国際関係の基礎をなした。

我々が目撃している現代史の展開を、どのように読み解くか。ウクライナ戦争の状況にかかわらず、いまや二〇世紀の大西洋主義の時代は終わりを告げ、代わって北極海から太平洋を経てインド洋に至る時代が始まった。

そして地球温暖化問題こそ、脱炭素社会を目指す新しいページを開くきっかけとなっている。地球のエネルギー資源の二割が埋蔵される北極海をどのように開発するのか、という問題も見えてきた。地球温暖化が急速に進むために、北極海、太平洋、そしてインド洋が一つのつながったものとして我々の目の前に現れている。英国はブレグジット以降、アジアに再回帰しており、ロシアもまたアジア・シフトを始めている。

今回のウクライナ戦争により、ロシアの比重は世界的に低下していくだろう。ヨーロッパ、そして北米もまた新しい道を模索しよう。そうしたなか、中国をはじめインド、インドネシアといった関与を免れた国は重要性が増していく。そのこと自体、冷戦後にはすでに明らかであったが、安全保障専門家はこのことをほとんど無視してきた。ロシアとNATOとの今回の確執が、これを浮かび上がらせたといえる。

日本とロシアとの関係を回復するのは、いまの段階では難しい。一定の期間を経た次の世代が、新たな関係を模索するしかない。一八五六年以降のパクス・ブリタニカ、一九四五年以降のパクス・アメリカーナの時代が、いずれもクリミアから始まったのは偶然ではなかった。そして二〇一四年のプーチンによるクリミア併合は、パクス・アメリカーナを終わらせた。

今回の「プーチン戦争」は、NATOの勝利でもプーチンの敗戦でも終わらない。核抑止と国連の特権に変わる時代がどうなるのか先は見えないが、この戦争の終結の仕方が次の時代への大きな転換となったことだけは確かである。

おわりに

多くの読者にとってウクライナ戦争は、「二〇二二年二月二四日にはじまった」という認識だろう。しかし国際問題の専門家からすれば危険性は以前から指摘されており、二〇一四年にはすでに「危機的水域」に達していた。

それにしてもこの戦争の多方面への影響は、専門家にとっても「想定外」だった。ロシア大統領のシナリオでは二日で完勝するはずだったキーウ（キエフ）攻略での完敗はもちろん、ドンバス地方のようなロシア語話者地域ですらロシア軍はそれほど強くはなかった。紛争半年を経てウクライナ避難民の数は一〇〇〇万人を超え、国民の四人に一人という規模となった。同時に西側の対ロシア経済制裁も逆効果だった。エネルギー価格が高騰し、オリガルヒへの制裁はそのロシアへの回帰を促し、今やロシア経済を勢いづける結果となった。世界は、制裁支持の西側とそれ以外とに分裂した。

二月二四日にプーチンがはじめた「特別軍事作戦」という名の対ウクライナ侵攻には、多様な相貌がある。第一の争点は、この戦争が「作戦」と呼ばれる理由に関する。本来はドンバス地方の二つの共和国が要請した軍事支援で、ウクライナの中立化、「非ナチ化」、非軍事化を目指す一種の「強要外交」、いわばミンスク合意Ⅲであった。だがゼレンスキーの善戦に加え、NATOやEUが迅速に対応、緒戦はロシアの完敗だった。二〇一四年からの紛争で、ウクライナは軍事強国になっていた。

第二の争点は、これが「プーチンの戦争」と言われる理由であるが、それはプーチン自身のウクライナに対する認識の問題だ。二〇二一年七月の論文「ロシア人とウクライナ人の歴史的一体性について」では、両者の歴史的・文明的・言語的結びつきについて触れられていた。ロシアもウクライナも、ともに一〇〇〇年以上も前のキエフ・ルーシの受洗に由来するという意味でその関係は古い。

その上で独立時の独立国家共同体（CIS）形成に関する、双方の認識に違いがあった。CIS形成時、三ルーシ国家（「大」つまりロシア、「小」つまりウクライナ、そして「白」ベラルーシ）による核戦略部隊の共同管理を合意したと見るロシアに対し、そのときは署名したウクライナが、その後CISを「単なる離婚協議だ」といった。

ということは、ロシア革命後にレーニンがドンバス地方などをウクライナ領に加えたことは自明でなくなるとプーチンは主張した。恩師である法学者サプチャークの説だが、ウクライナが崩壊時のCIS合意を反故にしてその関係から去りたければ、「もらったものを返してから」、ということだ。クリミア半島とドンバス地方、そしてノヴォロシアの帰属問題がこれからの紛争の争点だとプーチンは言っていた。

だがクリミア半島は一九四五年以降のヤルタ体制、つまりウクライナも原加盟国だった国連や核管理問題の発祥の地でもあった。その地での紛争は、当然ながら二一世紀の軍備管理や国際秩序の危機にも直結する。またNATO支持派のクーデターで成立し、ロシア語を差別したマイダン政権に対するドンバス、ロシア語話者地域の言語戦争、ミンスク合意をめぐる国際的問題へと発展していた。

しかしプーチンがウクライナに対して、このような正教文明的な観点から紛争を持ち込めば、今度は西ウクライナに対するポーランド・カトリック世界からの「ウクライナ」問題が浮上しかねない。なかでもハプスブルク帝国の一部だったリビウは、東方典礼カトリック教会という独自の正教の拠点で、一九一八年には西ウクライナ人民共和国の首都となり、ネオ・ナチ論争の根底にあるバンデラ軍やカナダなど北米ディアスポラの本拠地でもある。ヨーロッパとアジア、カトリックと正教との「断層線」はハンチントンの予想通り、紛争含みとなることは明らかだった。

これは当然ながら、ユーラシアの安全保障を毀損する。ソ連崩壊直後に米国のネオコンが唱え、NATO東方拡大策が広げた溝だ。始まりは一九九六年、クリントン民主党候補が大統領再選のため、東欧移民票を動員するという「ローカルな思考」だった。それが唯一の超大国・

米国の「グローバルな行動」へと転換し、ウクライナ、ジョージアを加盟候補国とした二〇〇八年以降、六年後にはマイダン革命というクーデターの勃発、さらに一四年後にはこの戦争という一連の因果関係を巻き起こした。

　この危険を察知したエリツィンが後継者の条件としたのは、ＮＡＴＯがわかる人物であった。そして東ドイツでＫＧＢのＮＡＴＯ担当者だったプーチンを指名した。いまや公式にはウクライナはＮＡＴＯ加盟の資格はないと言いながら、「事実上ＮＡＴＯ勢力はウクライナに深く関与」（プリンストン大学スティーヴン・コトキン）している。

　しかし、この「兄弟殺し」の戦争がユーラシアの分裂、つまりヨーロッパとアジアとに分けるとしたら、ことは両国間にとどまらず、ユーラシア全体のグローバル市場や安全保障の構造を分断していく。バイデン政権が世界を「民主主義と専制国家」に分断させたことで、多くの開発独裁的な権威主義体制はプーチンの陣営へ結果的に引き寄せられた。いまやＧ20が分裂し、新Ｇ８（ロシア、中国、インド、インドネシア、ブラジル、メキシコ、イラン、トルコ）がＧ７と対峙していることは、この数年顕著となっていた。米州でも北米と中南米との亀裂がますます浮上している。

　この問題にロシアのエネルギーや食料など資源大国としての性格が加わったことで、経済的亀裂が深刻化している。オイルショック以来最大の商品であった石油とドルとの関係が揺らぎ、ドルの基軸通貨が挑戦され、G7が経済制裁、とくに得意な金融などをその制裁手段としたことで、米欧の亀裂が深刻化し、中東でも分裂が加速する。戦争から半年の時点で、制裁がロシア経済を潤してきた一方、西側の消費者は返り血を浴びてもいる。先進国主導のグローバル経済に批判的な指導者がウクライナ戦争でロシア側の支持者に加わり、世界の分断に拍車をかける。

二〇一四年の両国の紛争を「誰もが失った紛争」といったのは米国のロシア研究者ティモシー・コルトンだったが、今や世界中がこの紛争の犠牲者になろうとしている。世界はこれ以上の紛争の悪化に耐えられない。また、この戦争の最中にソ連最後の大統領ゴルバチョフ、そして「クリミアはウクライナ固有の領土ではない」と言ったこともあるウクライナ初代大統領クラフチュクが亡くなった。彼らがともに願った一刻も早い停戦が、目標となるべきだ。

なお本書の執筆は、赤羽高樹氏と集英社インターナショナルの本川浩史氏のすすめによる。二月の開戦というショックを乗り越えて本書を完成するには、家族や友人たちの励ましが不可欠であったことにも、感謝とともに触れておきたい。

二〇二二年九月六日（キエフ・ルーシ受洗一〇三四年）

下斗米伸夫

主要参考文献

・新垣拓、山添博史ほか『ウクライナ戦争の衝撃』インターブックス、2022年
・池内恵ほか『ウクライナ戦争と世界のゆくえ』東京大学出版会、2022年
・『世界臨時増刊　ウクライナ侵略戦争――世界秩序の危機』岩波書店、2022年
・遠藤誉『ウクライナ戦争における中国の対ロシア戦略』PHP研究所、2022年
・岡部芳彦『日本・ウクライナ交流史1937-1953年』神戸学院大学出版会、2022年
・倉井高志『世界と日本を目覚めさせたウクライナの「覚悟」』PHP研究所、2022年
・『現代思想』2022年6月臨時増刊号（総特集「ウクライナから問う」）青土社、2022年
・下斗米伸夫『宗教・地政学から読むロシア――「第三のローマ」をめざすプーチン』日本経済新聞出版社、2016年
・下斗米伸夫『ソビエト連邦史　1917-1991』講談社学術文庫、2017年
・下斗米伸夫『新危機の20年――プーチン政治史』朝日選書、2020年
・下斗米伸夫『ソ連を崩壊させた男、エリツィン』作品社、2021年
・下斗米伸夫編『ロシアの歴史を知るための50章』明石書店、2016年

・杉田弘毅『国際報道を問いなおす――ウクライナ戦争とメディアの使命』ちくま新書、2022年
・中井和夫『ウクライナ・ナショナリズム』東京大学出版会、1998年
・野村真理『ガリツィアのユダヤ人【新装版】』人文書院、2022年
・服部倫卓、原田義也編『ウクライナを知るための65章』明石書店、2018年
・ジョン・ル・カレ（加賀山卓朗訳）『スパイは今も謀略の地に』早川書房、2020年
・ミハイル・ゴルバチョフ（副島英樹訳）『我が人生　ミハイル・ゴルバチョフ自伝』東京堂出版、2022年
・エマニュエル・トッド（大野舞訳）『第三次世界大戦はもう始まっている』文春新書、2022年
・マイケル・マクフォール（松島芳彦訳）『冷たい戦争から熱い平和へ』白水社、2020年
・マルレーヌ・ラリュエル（浜由樹子訳）『ファシズムとロシア』東京堂出版、2022年
・Dmitry Adamsky, *Russian Nuclear Orthodoxy: Religion, Politics, and Strategy*, Stanford University Press, 2019
・Andrew Bacevich, The Age of Illusions: *How America Squandered Its Cold War Victory*, Metropolitan books, 2020

・Wiliam J. Burns, *The Back Channel: A Memoir of American Diplomacy and the Case for Its Renewal*, Random House, 2019

・Samuel Charap, Timothy J. Colton, *Every one loses: The Ukraine Crisis and the Ruinous Contest for Post-Soviet Eurasia*, Routledge, 2016

・William H. Hill, *No place for Russia: European Security Institutions Since 1989*, Columbia University Press, 2018

・Nicolai N. Petro, *Ukraine in Crisis*, Routledge, 2017

・Philip Short, *Putin: His Life and Times*, The Bodley Head, 2022

・Richard Sakwa, *Deception Russia gate and the New Cold War*, Lexington Books, 2021

・R Sarotte, *Not One Inch: America, Russia and the Making of the Post-Cold War*, Yale University Press, 2021

・Daniel Treisman, *The Return: Russia's Journey from Gorbachev to Medvedev*, Free Press, 2011

・Andrew Urban, Chris MacLeod, *Zelensky: The Unlikely Ukrainian Hero Who Defied Putin and United the World*, Regnery Publishing, 2022

・Andrew Wilson, *The Ukrainians: Unexpected Nations*, Yale University Press, 2000

◆ナ

◆ハ

◆サ

◆タ

人名索引

・本書に登場する主な人物を取り上げた。
・ファミリーネームのみを記し、
同性の人物がいる場合のみファーストネームのイニシャルを入れた。
・ウラジーミル・プーチンは頻出するため取り上げていない。

編集協力　赤羽高樹、八木寧子
図版作成　タナカデザイン

下斗米伸夫《しもとまい　のぶお》

政治学者。法政大学名誉教授、神奈川大学特別招聘教授。専攻はロシア・CIS政治史。一九四八年生まれ。七一年に東京大学法学部卒業、七八年に東京大学大学院法学政治学研究科博士課程修了。一九八八年から二〇一九年まで法政大学法学部教授。一九年より同大学名誉教授。この間、モスクワ・ボストンなどでも在外研究を行う。『プーチンはアジアをめざす』（NHK出版新書）、『新危機の20年』（朝日選書）、『ソ連を崩壊させた男、エリツィン』（作品社）など著書多数。

インターナショナル新書一〇九

プーチン戦争《せんそう》の論理《ろんり》

二〇二二年一〇月一二日　第一刷発行
二〇二三年　四 月二五日　第二刷発行

著　者　下斗米伸夫《しもとまいのぶお》
発行者　岩瀬　朗
発行所　株式会社　集英社インターナショナル
〒一〇一-〇〇六四　東京都千代田区神田猿楽町一-五-一八
電話　〇三-五二一一-二六三〇
発売所　株式会社　集英社
〒一〇一-八〇五〇　東京都千代田区一ツ橋二-五-一〇
電話　〇三-三二三〇-六〇八〇（読者係）
〇三-三二三〇-六三九三（販売部）書店専用
装　幀　アルビレオ
印刷所　大日本印刷株式会社
製本所　加藤製本株式会社

ISBN978-4-7976-8109-3　C0231

インターナショナル新書

107
独学の教室
読書猿、佐藤 優 ほか全14名

なぜ、我々は独学したいのか？ 独学の意義と方法から、英語、ビジネス、美術、読書、ノート術、漫画、数学、物理学、はては冒険まで、多彩な執筆陣が寄稿。独りで学ぶことの魅力・意味を探る。

108
悪魔の英語術
黒田莉々

謙譲や尊敬の心を重んずる日本人の「おりこうさん」精神が英語習得を妨げている!? 日本の会社員ヤマトとアメリカ人のＬｉｌｙの会話から、ネイティブのマインドを学びましょう。

110
愛を見つめて
高め合い、乗り越える

ハビエル・ガラルダ

男女の愛、家族愛、友愛——滞日60年を超えるカトリックの神父が、哲学者、神学者の観点から愛を論じる。コロナ、災害、戦争など将来への不安が高まるなか、互いを愛し、高め合うために必要な方法をともに考える。

111
たくましい数学
九九さえ出来れば大丈夫！

吉田 武

野心的な数学独学書。xやaなどの文字や公式を用いることなく、数字そのものと１７０点を超える図表によって高校数学を概観。九九から始めて大学入試問題に至るまで、テーマ間の関連と類似を基に話を進める。